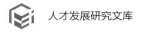
人才发展研究文库

人才学历程、创新和发展

The Course，Innovation and Development of Talentology

叶忠海 著

上海交通大学出版社
SHANGHAI JIAO TONG UNIVERSITY PRESS

内容提要

　　人才,是引领和支撑社会发展的第一资源。人才问题,是关系到国家盛衰和民族兴亡的关键问题。在全球化和科技快速发展的背景下,人才学的发展对于提升国家的综合竞争力、促进经济持续增长以及推动社会全面发展都具有不可替代的作用。加强人才学的研究与发展,对于个人成长、组织繁荣和国家发展都具有深远的意义。本书由人才学历程、人才理念和人才规律、人才创新能力、人才战略、人才高地、人才发展指数、人才学展望等七个专题组成,在一定程度上反映了人才学的发展历程、当前研究热点和前沿,以及对人才学派在国际人力资源理论宝库中的发展的展望。

图书在版编目(CIP)数据

　　人才学历程、创新和发展 / 叶忠海著. -- 上海:
上海交通大学出版社, 2024.9 -- ISBN 978 - 7 - 313 - 31408
- 6

　　Ⅰ. C96
中国国家版本馆 CIP 数据核字第 202466N9V5 号

人才学历程、创新和发展
RENCAIXUE LICHENG、CHUANGXIN HE FAZHAN

著　　者:叶忠海
出版发行:上海交通大学出版社　　　　　　地　　址:上海市番禺路 951 号
邮政编码:200030　　　　　　　　　　　　电　　话:021 - 64071208
印　　制:上海景条印刷有限公司　　　　　　经　　销:全国新华书店
开　　本:710 mm×1000 mm　1/16　　　　　印　　张:16. 25
字　　数:232 千字
版　　次:2024 年 9 月第 1 版　　　　　　　印　　次:2024 年 9 月第 1 次印刷
书　　号:ISBN 978 - 7 - 313 - 31408 - 6
定　　价:78. 00 元

总　序

　　党的十八大以来,习近平总书记高度重视人才工作,就如何识才、爱才、敬才、用才作出一系列重要论述和指示批示,为新时代人才工作指明了正确方向。党的二十大报告强调,人才是第一资源,是全面建设社会主义现代化国家的基础性、战略性支撑之一,将人才工作提到新的战略高度。深入实施新时代人才强国战略,建设高水平人才高地,为中国式现代化的实现提供人才保障,需要聚天下英才而用之,创新人才流动、人才管理、人才评价、人才激励等体制与机制;需要变革人才培养模式,自主培养造就一流科技领军人才和创新团队,一大批各行各业的创新人才、卓越人才;更需要运用多学科视角及研究方法对人才相关的基础理论、创新政策与特色实践开展深入研究,从而不断推动人才工作的实践创新,这也是时代赋予人才研究工作者的使命担当。

　　华东师范大学是改革开放以来国内最早聚焦人才问题开展学术研究、专门人才培养和中国特色人才学学科建设的一所研究型大学,华东师范大学人才学研究起源于 1980 年。四十多年来,学校基于不同院系和学科资源,先后设立了多个人才相关的创新团队及研究机构,在学术研究、专业服务、人才培养等方面积累了诸多成果,有效推动了高校人才学科发展,产生了广泛的社会影响。2021 年底学校对已有人才研究平台及学科资源进行高位整合,组建了"华东师范大学人才发展战略研究院"。研究院秉持开放、合作、共赢的理念,融学科建设、人才培养、科学研究、学术交流、决策咨询、专业服务六位于一体。重点聚焦"人才学基本理论研究""人才发展战略""创新人才培养与发展研究""人才流动与全球竞争力研究"等特色研究方向,着力打造高水平的人才理论研究平台以及服务党和政府人才决策的高端智库。

作为研究院打造的学术和智库品牌,华东师范大学人才发展战略研究院于近期正式启动"人才发展研究文库"的出版工作,旨在吸引和集聚国内外知名学者特别是具有多学科背景的青年学者,聚焦全球人才竞争背景下我国人才战略及人才工作中的重大理论与现实问题开展科学研究,全面总结我国人才工作特别是改革开放以来形成的一系列经验与规律,着力探索生成具中国特色的人才研究的基础理论,并将相关成果集结出版,为我国人才研究领域高水平学术成果的创生、汇聚与宣传,为建设具有中国特色和自主话语体系的人才学学科贡献应有的力量。

"人才发展研究文库"主要面向人才工作领域的研究人员、从业者包含政策制定者及管理者,以及相关专业的研究生等群体。"人才发展研究文库"的每一本著作都将从不同的学科视角对人才问题进行深入探讨,并结合实际案例、调查报告、统计数据、意见领袖观点等多方面材料,使读者能够全方位地了解和掌握我国人才战略、人才规划、人才流动、人才集聚、人才培养、人才管理、人才评价、人才激励等多方面的趋势、规律、方法与工具,从而为人才领域的研究与实践提供重要的参考价值。

衷心期待"人才发展研究文库"能够成为我国新时代人才研究领域的一项重要研究成果,积极服务于我国人才工作创新发展的需要,服务于新时代人才强国战略目标的实现。最后,由衷地感谢所有参与"人才发展研究文库"编撰工作的学者、编辑和出版人员,"人才发展研究文库"能够顺利出版,离不开大家的共同努力。祝愿读者能够从"人才发展研究文库"中获得实际的帮助和启迪。

吴瑞君

2023 年 5 月于丽娃河畔

前　言

　　党的二十大吹响了全面建设社会主义现代化国家、全面推进中华民族伟大复兴的号角,全党全国各族人民踏上伟大的新征程,向着伟大的目标进军。党和国家高度重视人才工作。党的二十大报告前所未有地将人才和人才问题作为党代会报告的一大基本问题加以专门论述,将教育、科技、人才"三位一体"视为全面建设社会主义现代化国家的基础性、战略性支撑,并强调必须坚持"三个第一",即科技是第一生产力,人才是第一资源,创新是第一动力。其中,人才又处于"三位一体"的核心和关键地位,对科技创新发展起着支撑和引领作用。对此,习近平总书记强调,"牢固树立人才引领发展的战略地位"。

　　伟大的时代呼唤人才学科发展,这对中国人才学发展提出了新的更高的要求,也提供了前所未有的发展机遇。在这样的背景下,我作为中国人才学界的一位老兵,有责任为中国特色的人才学持续发展再贡献一点力量。在2009年新中国成立六十周年、人才学诞生三十周年之际,本人于1979年到2009年的人才研究成果《叶忠海人才文选》(7卷)由高等教育出版社出版,我将这套书奉献给广大组织人事工作者和致力于成才的莘莘学子。今天,我再把2010年至2022年人才研究成果进行汇总、梳理,形成《人才学历程、创新和发展》一书奉献给大家。

　　华东师范大学人才发展战略研究院为打造学术和智库品牌,推出"人才发展研究文库",《人才学历程、创新和发展》荣幸地被入选文库,给予资助出版。在此,笔者表示衷心的感谢! 全书由人才学历程、人才理念和人才规律、人才创新能力、人才战略、人才高地、人才发展指数、人才学展望共7个专题组成,共选入文稿28篇,其中有多篇为首次发表。最后,有附录 4 份。本书在一定程度上反映了人才学发展历程及当前人才研究的热点和前沿,并展望了中国人才学派在国际人力资源理论宝库中的学术地位。

在选编过程中,我坚持尊重历史的原则,未对原有文稿加以修改。因此,书稿不可避免地存在着较多的不足和局限性。保留这些不足,是为了能够真实地反映本人研究人才学的轨迹、领域和特点,为人才学界的后人留点东西,以利于他们创新发展后来居上。

中国人才学界的同志们,让我们携起手来,共同奋斗,在推进中国式现代化进程中,继续建设和发展具有中国特色、民族风格的人才学派,为充实和发展世界人力资源理论宝库贡献中国的智慧和力量!

目 录

人才学历程

01

中国人才学四十年：成就、特色和展望

党的十一届三中全会以来的改革开放四十年，是我国社会深刻变革和空前发展的四十年，也是中国人才学诞生和发展的四十年。在双逢四十周年这个有纪念意义的日子里，有必要对我国人才学发展的成就加以展示，特色加以总结，并对其未来发展作一简要的展望，以利于今后更快地实现科学发展。

一、人才学发展的成就

四十年来，改革开放的社会历史背景和丰富的人才工作实践基础，为人才研究提供了空前的历史机遇和宜于学科发展的土壤及环境，人才学研究取得了前所未有的开创性成就。据不完全统计，1979—2013 年期间，中国学者的人才著作共出版 1 680 种，年均约 48 种。人才学已列为《中华人民共和国国家标准学科分类与代码》（以下简称《学科分类与代码》）的二级学科，代码为 84072。归纳起来，其开创性成就主要体现在下列五个方面：

（一）人才学已形成基本构架

经中国人才学界同仁们共同努力，人才学已形成了基本构架。一般认为，人才学是以人才现象为研究对象的一门学科，是一门研究人才运动及其发展规律，促进人才工作科学发展，促进人才全面发展的学科。其基本构架，由下列四个部分构成：

一是关于人才的基础研究,包括对人才的概念、本质、基本要素、作用和价值、结构等基本问题的研究。

二是关于人才成长和发展规律的研究,包括对人才成长和发展过程及其阶段、人才成长和发展的基本原理、内外因素及其相互作用、个体人才成长和发展规律、群体人才成长和发展规律及社会人才总体发展运动规律等问题的研究。

三是关于人才的自主开发研究,即人才主体创造实践的研究,其中包括人才自主开发的战略设计和战术运用研究。

四是关于人才的组织和社会开发研究,即关于人尽其才的研究,包括对人才的预测规划、教育培训、考核评价、选用配置、使用调控,以及人才市场、人才流动和人才战略等问题的研究。

上述的四个研究部分,又可分为人才学的基础理论研究和应用理论研究。前者为后者提供科学依据;后者是前者的应用发展,反过来又丰富充实前者。两者相辅相成,相互促进,缺一不可,共同构成了人才学的框架体系。

(二) 人才学已形成学科特色

相对由西方引进的人力资源管理学来说,不可否认,中国的人才学与其有着共性:第一,从人的层面而言,两者都是以人为研究对象;第二,两门学科均是以开发人的潜能,促进人的全面发展为研究根本目的;第三,人力资源管理与人才开发的研究内容有交叉。然而,尽管如此,由于人才学与人力资源管理学产生的历史背景、文化背景不同,因而两者更有着明显的区别。换句话说,人才学已形成自己的特色。

1. 学科类型的特色

人才学是一门以社会科学为主体的跨学科的综合学科,其实质是综合型社会科学;人力资源管理学是应用学科,其实质是应用型管理学科。

2. 学科研究对象的特色

人才学研究人力资源中先进、较高层次的部分;人力资源管理学则研究一般劳动人口。

3. 学科框架结构的特色

人才学既研究基础理论，特别是研究人才成长发展规律和原理；又研究应用问题，强调三层次立体开发人才，包括人才的自主开发、组织开发和社会开发。其中，特别强调人才主体的自我开发，强调对人才的整体性开发。人力资源管理学主要研究应用问题，从企业人力资源管理工作流程来建立学科框架。

4. 学科主轴（线）的特色

人才学将创造性作为学科的灵魂，贯穿渗透于对人才运动现象研究的全过程。例如，人才界定：强调创造性；人才要素：强调创新能力；人才成长：强调创造实践起决定作用；人才自我开发：强调人才主体的创造性实践；人才组织和社会开发：强调创造性教育、突出人才创造性考评、强调开发人才的创新创业能力等。人力资源管理学则以其工作流程作为学科的主轴。

5. 学科内容和术语的特色

人才学有自己特有的概念和术语，如人才、准人才、潜人才、显人才、领军人才、人才成长和发展过程、人才规律等等；又有自己的原理和规律，如人才成长和发展的综合效应论、有效的创造实践成才规律、人才过程转化规律、人才最佳年龄成才律等等。人力资源管理学的内容和术语，则是从以美国为代表的西方国家引进的。

6. 学科研究方法的特色

人才学运用系统研究法，即综合研究法，吸收多学科研究成果和方法，包括脑生理学、遗传学、优生学、心理学（发展心理学、认知心理学、创造心理学）、创造学；马克思主义哲学、现代经济学、社会学、地理学、生态学、管理学等，对人才和人才问题加以综合研究，为构建人才学理论体系服务。人力资源管理学主要是运用经济学、管理学的理论和方法，特别是劳动经济学和管理心理学的研究成果和方法。

（三）基本形成以人才学为主干的人才学科群

四十年来，诸种人才的"潜学科""前学科"发展成为程度不同的各种分支学科,人才学科群基本形成。主要表现在以下方面：

第一,不同成熟度的人才学交叉学科逐渐形成。如人才心理学、人才教育学、人才美学、人才法学、人才经济学、人才市场学、人才战略学、人才管理学(人才开发学)、人才评价学、人才地理学、人才生态学、人才统计学等。

第二,不同成熟度的专门人才学逐渐形成。如科技人才学、管理人才学、领导人才学、政工人才学、军事人才学、企业人才学、农业人才学、教育人才学、文艺人才学、医药人才学、青年人才学、女性人才学、潜人才学等。

第三,不同成熟度的人才史学逐渐形成。如马克思主义人才思想史、中国人才思想史、中国人才制度史、中国人才学史等。

(四) 人才学专业化水准已达到国家基本标准

1. 已形成人才学理论体系和基本形成专门方法

人才学以"人才"作为研究的逻辑起点,研究人才成长和发展过程及其规律,再以上述研究成果为依据,进行人才开发研究,包括人才自主开发研究、组织开发研究和社会开发研究。概言之,人才学已建立"人才→人才成长和发展→人才开发"的理论体系。与此同时,我国人才学界在人才研究过程中已逐渐形成自身的研究方法,如系统研究法(整体相关分析法)、调查统计法(直接调查和问卷调查)、类例分析法(个例分析和同类分析)、文献研究法、追踪研究法、比较研究法、大数据量化研究法等,有效地促进了人才研究。

2. 已涌现人才学专家群体

目前,我国研究机构和高校已出现一大批专司人才研究的高级人才群体。其中,先后由王通讯、吴江担任院长的中国人事科学研究院就是突出的代表。

3. 已建立人才学研究机构、教学单位和学术团体,并有效开展活动

自1981年12月中国人才研究会成立后,各省、自治区、直辖市陆续建立了省级研究会。在国家、省级人才研究会领导下,人才研究活动在全国广泛而深入地开展。全国曾先后有15个省、自治区、直辖市建立了人

才研究所,有些高校也建立了人才学研究机构,如华东师范大学人才发展研究中心等,有些省级社会科学院内也建立了人才学研究机构,如湖南省社科院人才学研究所等,这些研究机构承担了国家、省级重大课题,取得了显著成绩。

4. 已出版人才学著作 2 500 种之多

已编撰出版了多种人才学工具书,如《新编人才学大辞典》,汇集词条 3 720 条,共 220 万字。

(五) 人才学的理论贡献

人才和人才问题的研究,既涉及理论问题,又涉及应用问题。人才学则在理论和实践结合的基础上加以探索研究,力求起到理论上的先导作用。四十年来,经过众多人才学研究者矢志不移、孜孜不倦的努力,许多理论观点已被党和政府所采用,成为制定人才政策法规的理论依据。现不完全归纳下列几点:

(1) 科学界定了人才概念,破除了唯心主义的天才观;

(2) 提出了"自我设计"和"人才解放"的命题;

(3) 提出了人才资源是第一资源的观点;

(4) 揭示了人才成长和发展基本原理——"综合效应论",发展了人才成长"内外因作用说";

(5) 揭示了"人才创造最佳年龄区"和"最佳年龄成才律";

(6) 揭示了人才成长和发展过程及阶段,以及个体和群体人才成长和发展的若干规律;

(7) 总结了人才辈出的社会条件,多视角探索了社会人才总体发展运动规律;

(8) 提出了人才异化概念,启动了人才异化规律的研究;

(9) 提出了人才群体结构优化命题;

(10) 开拓了人才指数的研究;

(11) 提出了人才考评的"三态学说";

(12) 提出了人才资源市场配置理论;

（13）提出了人才资源开发整体相关论；

……。

实践证明，四十年来，人才学理论研究所取得的丰硕成果，已对我国的人才开发工作起到了积极的推进作用。同时，人才学在国际学术界的影响也不断扩大，"人才"一词，已被国际人力资源管理学界所接受，人才管理也被视为人力资源管理的新阶段、新高度。

二、开创了中国特色的人才研究之路

相较于教育学两百多年的发展历程，中国人才学的历史则是相当短的，在这短短 40 年的历程中，人才学研究能够取得这样惊人可喜的成就，与我国人才学人坚定文化自信与创新的思想定力，走中国特色的人才学研究之路是分不开的，归纳起来有如下 7 个方面特色：

1. 以马克思主义人才论为指导，开展人才研究和学科体系建设

一般认为，马克思主义人才论由人才本质论、人才价值论、人才成长论、人才开发论等基本部分构成。四十年来，我国人才学界始终坚持以马克思主义人才论作为人才学研究的理论基础，具体表现为：以马克思主义人才本质论为指导，开展人才本质属性研究；以马克思主义人才价值论为指导，开展人才的价值研究；以马克思主义人才成长论为指导，开展人才成长原理和规律研究；以马克思主义人才开发论为指导，开展人才的科学开发研究。就人才成长原理研究而言，人才学界吸纳了唯物辩证法关于"事物的相互作用，构成了事物运动"的基本原理，吸纳了唯物史观关于社会发展的"合力论"的基本原理，通过对人才个体成长发展和社会人才辈出的分析，提出了人才成长和发展基本原理——"综合效应论"。就人才成长规律研究而言，人才学界吸纳了"实践出人才"的基本原理，通过对无数个人才成长的个案剖析，不仅提炼出"有效的创造实践成才律"，而且提出了"创造实践在人才成长中起决定作用"的论断。再如，人才学界在吸纳"时势造就伟人"的唯物史观的同时，通过对中外历史上人才总体成长现象的历史考察和分析，提出了社会人才总体发展运动规律——时势造

就人才规律，等等。

2. 紧密结合我国社会变革和发展，开展人才研究和学科体系建设

四十年来，我国人才研究的热点、重点随着我国社会变革和发展的主题而确定和展开，并随着该主题变化而变化。改革开放初期，人才研究围绕改革开放主题而展开，"改革开放与人才开发"成为当时人才研究的热点和重点；党的十四大提出建立社会主义市场经济体制后，人才学界掀起了"社会主义市场经济体制下的人才开发"的研究热潮。我国加入 WTO前后，"经济全球化与人才开发国际化"一时成为人才研究的重点。进入21世纪后，党和国家提出了一系列战略决策和奋斗目标：全面建设小康社会、构建和谐社会、建设社会主义新农村、建设创新型国家等，一次又一次成为我国人才研究的主旋律，人才学界相应开展了"建设创新型国家与创新型人才开发""社会主义新农村建设与农村实用人才开发""建设和谐社会与社会工作人才队伍建设"等主题研究。近年来，中央出台《关于深化人才发展体制机制改革的意见》，中国人才学界围绕人才发展体制机制改革这个主题，开展了一系列人才开发理论和实践研究。上述的这些主题研究，其研究人数之广、研究程度之深、产出成果之多，成为该时期人才研究的显著特点。这种带有规律性研究的现象充分表明，一个时期人才研究的主旋律，是该时期社会和人才的发展对人才研究客观要求的集中反映，也是人才研究与时俱进的体现。

3. 以中国基本国情为基点，开展人才研究和学科体系建设

人才运动，总是在特定的地域空间产生并发展，导因并受制于地域空间的社会和自然环境。我国地域辽阔，地理环境复杂，经济社会发展水平呈现明显的区域不平衡性。这种区域不平衡性从根本上规定着人才空间分布的差异性。区域人才发展必须坚持因地制宜的原则，体现各地区空间的特色。四十年来，人才学界始终把握我国国情这个基本点，高度重视区域人才开发研究，如西部不发达地区人才开发研究、东北老工业基地人才开发研究、推进长江三角洲人才开发一体化研究、三峡库区人才资源开发研究等，这些研究均取得了显著的成效。同时，我国又是最大的发展中国家，农村人口占总人口的比例不小，"三农"问题是我国经济社会发展的

关键所在。四十年来,人才学界又始终把握我国国情这个基本点,开展农村"乡土人才"、农村实用人才研究。早在 20 世纪 80 年代中期,人才学界已提出"乡土人才"概念,并指出"这支数量可观的'乡土人才'大军蕴藏在广阔的农村之中,对不发达地区的开发,具有举足轻重的作用"①,上述的这些研究成果,不仅为区域、农村发展服务,而且丰富和完善了人才学科体系。

4. 在与诸种"质疑论"和唯心史观的论争和批判中,开展人才研究和学科体系建设

在人才学开创初期,教育界有人就说,"有了教育学,还要人才学干什么?"更有甚者,把人才学和个别研究者某些出格的言论联系起来批判,视人才学为"精神污染的产物"。当时,人才学开拓者们理直气壮地回答说,人才学是应时代和社会的呼唤而产生的,是全党工作重点转移到社会主义现代化建设上来的客观要求,反映了社会和人民的需要和意愿,也是科学发展的必然逻辑。与此同时,人才学界开展了"人才学与教育学比较研究",阐明了"教育学不能取代人才学"的理由,并提出了"高等学校应开设人才学"的建议。在 1984—1986 年期间,有人不断抓住"自我设计"这个符合社会发展趋势、反映人类活动固有本性、强调主客观统一的完整而现实的命题不放,斩头去尾大做文章,说"从思想上看,(人才学)鼓吹无政府主义、个人主义、唯心主义",从而又把资产阶级自由化的帽子硬套在人才学的头上。在社会各界的支持下,人才学界顶住压力,团结奋进,坚持研究,特别是在党的十四大精神激励下,人才学界发表了《为"自我设计"正名》一文,驳斥了"自由化"的质疑论,重申"人才学是一门具有强大生命力的学科"。不仅如此,人才学界还在批判"英雄史观"的过程中,建立了人才历史作用的唯物史观;在批判"遗传决定论""环境决定论""教育万能论"等非科学的人才成长论过程中,形成了人才成长基本原理——"综合效应论",为人才学的创建奠定理论基石。

5. 以开放姿态,"洋为中用"地开展人才研究和学科体系建设

四十年来,我国成功实现了从封闭半封闭到全方位开放的伟大历史

---

① 叶忠海.区域人才开发研究.上海:上海三联书店,2006:398-399.

转折。在改革开放的大背景下，我国人才学界冲破了思想禁锢，增强了"开放意识"，以积极开放姿态，不断关注国外关于天才（英才）及其教育研究、人力资本研究、人力资源管理研究等领域的动态和前沿，不断吸收其精华，将以 T. W. 舒尔茨为代表的人力资本理论，L. M. 推孟、R. S. 艾伯特的天才理论，B. S. 布鲁姆的英才理论等加以批判性创新，为我国人才学研究所用，推进了我国人才学科体系的建设。

6. 植根于我国丰富的人才开发实践和历史上进步的人才思想的土壤，开展人才研究和学科体系建设

认识来源于实践，实践活动是理论产生的源泉。理论研究丝毫不能离开实践活动，离开实践活动，理论研究就是"无源之水""无本之木"。同理，中国特色的人才学研究，不能离开丰富的中国大地人才开发实践活动。我国人才学界十分重视把研究扎根于人才开发实践活动中。一方面，对从实践中所提出的新问题、新矛盾开展研究；另一方面，将人才开发实践所提供的经验加以总结升华。实践证明，这样的研究富有生气和活力，其成果既能指导实践，又经得起实践的检验，取得工作实践和理论研究双丰收。例如，近几年来，党和国家提出建设创新型国家，迫切需要建设一支强大的创新型科技人才队伍。我国人才学界深入企事业单位人才开发第一线，调查科技创新人才开发的现状、瓶颈和经验，并直接访问两院院士，研究高层次科技领军人才的特点和成长规律，产生了一批有价值的研究成果。这些成果，既服务于科技创新人才队伍建设，又丰富和充实了人才学科体系。

同时，具有中国特色的人才学研究，不能割断历史，必须批判地继承历史悠久的中华文化，特别要吸纳我国历史上进步的人才思想，实现"古为今用"。四十年来，我国人才学界充分意识到这点，开展了中国人才思想原典研究，中国古代、近代人才思想史研究，并在不同程度上提出了对当代人才开发的种种启示。

7. 坚定文化自信和创新的精神力量，开展人才研究和学科体系建设

笔者作为中国当代人才学发展历程的见证人，深深体会到，人才学就是在中国人才学人文化自信和创新中产生和创建的，并在坚定文化自信

和创新的思想定力中排除种种阻力得到发展的。一部中国人才学史,就是当代中国人才学人在文化自信和创新的思想定力引导下进行的学科建设史。文化自信、学术自信是人才学产生和发展的内在精神力量。正是这种意志力,使中国人才学人有勇气应对来源于西方和传统学科的隐性压制。没有文化自信、学术自信也就没有中国民族性、原创性的人才学。文化自信与学科建设是互为推进的。文化自信,推进中国特色的学科建设;学科建设的推进,又能进一步增强文化自信。中国人才学人,在创建人才学科过程中深深体会到,任何一门学科的存在价值,不在于当前有无权威学者扛大旗,有无权威领导把它放在什么位置上,也不在于国外有无该学科,归根结底,取决于学科是否满足和在多大程度上满足社会发展需要。这是马克思主义价值观在学科发展中的体现,也是学科发展的一条重要规律。

当然,我们讲的文化自信,不是盲目自信,而是基于对事物价值和本质的清醒认识,是建立在对事物主客体的全面分析基础上的理性自信。中国人才学人之所以对人才学充满自信,是基于人才学是应时代呼唤而生的新兴学科,是一门能以其独有的学科特质满足社会的需要,具有强大生命力的学科。我们强调的文化自信,不仅不排斥国外先进的学术成就,而且是在学术自信的思想基点上,积极吸收国外相关的有益的理论观点,为本学科建设所用,努力构建以中国元素为根本,融入国际元素为一体的人才学理论体系。

总之,四十年来,我国人才学界在党和国家正确领导下,以改革开放为总背景、总条件、总动力,取得了开创性成就,开创了一条中国特色的人才学研究之路。然而,人才学毕竟仍是一门正在走向成熟的独立学科。学科成熟度有待提升,分支学科发展不平衡,人才学科体系还处于初级阶段,未来中国人才学科体系建设的任务仍相当繁重和艰巨。

三、加快推进人才学科(派)建设的展望

根据习近平总书记在哲学社会科学工作座谈会上重要讲话精神及

中共中央印发的《关于加快构建中国特色哲学社会科学的意见》，当前和今后若干年内，要进一步加强人才理论研究，加快推进人才学科（派）的建设。

（一）进一步加快人才学的学术体系建设

要推进人才学科（派）建设，必须加强"三大体系"建设。其中，要以人才学学术体系建设为核心，带动学科体系、话语体系的建设。

1. 充实和丰富人才学的知识理论体系

第一，要认真学习、梳理、研究习近平总书记关于人才工作的相关论述，将之作为思想武器指导人才学研究。要进一步挖掘和梳理中国历史上进步的人才思想和可借鉴的人才制度，丰富中国人才思想史、制度史。跨学科、多视角积极探索和丰富人才学的知识结构，深化对人才价值、人才规律、人才异化、人才活力、人才流动、人才战略等基本问题研究。

第二，围绕党和国家大局与学科发展内在逻辑结合点，不断瞄准新问题，拓展和深化人才学基础理论研究。如研究人才异化现象，既关系到反腐防腐的政治大局，又能够深化人才学基本理论问题——人才异化规律，值得人才学界高度重视。

2. 着力形成人才学研究方法体系

在大数据时代背景下，根据人才学的学科性质和特点，着力探索人才学研究方法，提高研究方法专业水平，期待一部关于人才学研究方法的专著早日问世。

（二）加快完善人才学的学科体系

根据我国社会变革和发展的需要，以及学科发展自身的内在逻辑，全面梳理和规划人才学学科体系的建设。具体而言，要拓展和厚实人才学三级学科。根据《学科分类与代码》，一要拓展领域，补齐短板，形成新的三级学科，如人才文化学、人才社会学、人才比较学等。二要厚实已有的三级学科，如人才哲学、人才法学等，以巩固发展人才学的二级学科地位。

（三）加快完善人才学的话语体系

一是要增强话语体系建设的意识和能力。在加快完善人才学知识体系过程中，进一步提炼人才学的专业名词、专业术语、专业短语。

二是以教学任务带动人才学话语体系建设。力争人才学进入国务院学位办招收研究生专业的培养目录；逐渐使人才学成为高校特别是师范院校的公共进修课，成为组织人事工作者培训的必修课，以及逐渐在中等学校和企业教育中落地。

三是组织学术力量，开展人才学翻译工作。一是开展人才学术语的汉英对照研究，编制和出版人才学汉英词典；二是创造条件，将中国学者人才学专著介绍到国外。

四是加强对海外人力资源机构和组织的交流和合作。定期或不定期举办人才学和人才资源管理国际论坛，合作开展项目研究。在交流和合作中扩大中国人才学的学术影响。

当代中国正经历着我国历史上最为广泛而深刻的社会变革，也正在进行着人类历史上最为宏大而独特的实践创新。习近平总书记指出，"这是一个需要理论而且一定能够产生理论的时代，是一个需要思想而且一定能够产生思想的时代。"①中国人才研究者不能辜负这个时代，应坚定文化自信和创新，加快推进中国人才学科（派）的建设，为促进人才工作科学化、促进人才全面发展贡献应有的力量。

主要依据文献：

［1］习近平. 在哲学社会科学工作座谈会上的讲话［M］. 北京：人民出版社，2016.

［2］关于加快推进中国特色哲学社会科学工作的意见［EB/OL］.（2017 - 05 - 16）［2017 - 12 - 01］. www.gov.cn/zhengce/2017-05/16/content-5194467.htm.

---

① 习近平. 在哲学社会科学工作座谈会上的讲话［M］. 北京：人民出版社，2016.

主要参考文献：

［1］王通讯,叶忠海.中国人才学 30 年［M］.北京：中国人事出版社,2009.

［2］叶忠海.人才学与人才资源开发研究［M］.北京：党建读物出版社,2015.

［3］叶忠海,郑其绪.新编人才学大辞典［M］.北京：中央文献出版社,2015.

［4］侯建东.中国人才学史［M］.上海：同济大学出版社,2017.

（本文为改革开放 40 周年而作,曾在 2018 年 12 月 11 日中国人才研究会年会上发布。后于 2019 年 10 月收入《中国人才研究 40 年》一书。）

人才学科代码提升的历程、体会和今后任务

一、人才学科代码提升的历程

1992 年 11 月 1 日,国家技术监督局发布了 GB/T13745-92《中华人民共和国国家标准学科分类与代码》。该标准将人才学归类于一级学科"管理学"(630)范畴,置于二级学科"人力资源开发与管理"(63055)之下,定为三级学科,代码为 6305520。

学科代码发布 10 年后,自 2002 年始,人才学专业委员会及其前身——人才学教学研究分会、人才学研究分会接受中国人才研究会委托,在中国人才研究会领导下,先后在徐颂陶会长、李有慰会长、吴江常务副会长多次关心下,开始了长达 10 年申报提升人才学代码之路。

在此期间,以《国家中长期人才发展规划纲要(2010—2020)》(以下简称《人才规划纲要》)颁布为标志,申报工作大致可分为两个阶段:

第一阶段(2002 年 8 月—2010 年 6 月):在 8 年中先后多次以不同形式反映或申报提升人才学代码。

● 2002 年 8 月,人才学教学研究分会召开了第三次会员代表会议暨学科建设研讨会,形成了会议纪要,通过了向国务院学位委员会申报关于人才学由三级学科升为二级学科的报告。

● 2004 年 6 月,笔者向时任中组部人才工作局局长写了信,并于当月 23 日向时任全国博士后管委会主任、中国人才研究会徐颂陶会长提出了提升人才学学科代码两种方案。

● 2005 年 4 月 26 日,笔者利用中组部人才工作局领导同志带领调研组到上海调研之机,又就提升人才学学科之事作了反映。事后,6 月 30 日,又向中组部人才工作局提交了《关于调整人才学学科代码,提升人才学学科地位的建议》。

● 2008 年 5 月 4 日,为迎接中国人才学诞生 30 周年,以中国人才研究会名义向国家标准化研究院高新技术与信息标准化研究所提交了《关于调整人才学学科代码,提升人才学学科地位的申请报告》,并提交了 3 份附录:《人才学的内涵和性质》《人才科学体系》《人才学与人力资源管理学的关系》。

第二阶段(2010 年 6 月—2011 年 12 月):就代码提升主要过程环节作一概述。

● 2010 年 6 月 1 日,人才学专业委员会与上海市人才研究会在上海联合召开"加强人才学科和研究机构建设"的专题研讨会。而后,形成了九条建议。其中,第二条即为"调整人才学科代码,提升人才学科层次"。该建议报中组部人才工作局并转中组部主要领导同志。

● 2010 年 10 月 23 日,首届全国人才发展论坛召开期间,在"人才发展理论创新座谈会"上,又当面向中组部领导同志汇报了上述九条建议。

● 2011 年 2 月 14 日,人才学专业委员会向全国信息分类与编码标准化技术委员会再次提交了《关于调整人才学学科代码,提升人才学学科地位》的申请报告。

● 2011 年 3 月 4 日,全国信息分类与编码标准化技术委员会在京专门就人才学学科代码调整召开了论证会,论证人才学专业委员会提交的申请报告,会议形成三点共识。笔者与郑其绪、罗洪铁两位教授参加了会议。

● 2011 年 3 月 31 日,人才学专业委员会又提交了具体的学科代码修改建议。《学科分类与代码》国家标准修改单工作组在此基础上形成了国家标准 GB/T13745 - 2009《学科分类与代码》第 1 号修改单(征求意见稿)。

● 2011 年 5 月 4 日,全国信息分类与编码标准化技术委员会召开了上述的第 1 号修改单的征求意见会。会上专家对修改单上所列的三级学科作了个别补充并说明。笔者与王通讯、钟祖荣两位教授参加了该会。会后,形成了该第 1 号修改单(送审稿)。

- 2011 年 5 月 19 日,全国信息分类与编码标准化技术委员会召开了专家审查会。笔者被聘为评审专家。会上专家对人才学所属的三级学科作了个别修改,8 位评委一致通过第 1 号修改单(送审稿)。

- 2011 年 12 月 29 日,第 1 号修改单经国家标准化管理会批准,由 2011 年第 25 号《中华人民共和国国家标准公告》正式公布,并规定 2012 年 3 月 1 日起实施。

二、人才学学科代码提升的体会

第一,中央及其有关部门高度重视,对人才学学科代码提升起了决定性作用。主要体现在"加强人才学科和研究机构建设"写进了《人才规划纲要》;中央人才工作协调小组主要负责同志亲自过问并表态支持提升人才学学科代码;中组部人才工作局直接介入,在关键时刻做了工作。

第二,人才学研究成果长期积累,对人才学学科代码提升起了基础性作用。1992—2012 年,经中国人才学界同仁们二十年的艰苦努力,人才学较前成熟许多,已形成学科的理论体系和特色以及以人才学为主干的人才学科群,学科专业化水准已达到国家标准,开创了一条有中国特色的人才研究和学科体系建设之路。这是这次学科代码调整和提升之根本和基础。

第三,国家有关部门和学术界的支持,对人才学学科代码调整和提升起了助推性作用。主要得到国家标准化研究院及其高新技术与信息标准化研究所的大力支持;得到人力资源和社会保障部及其信息中心、科技部计划司、国家统计局、国家税务总局等部门信息专家的支持;得到清华大学、中国人民大学等高校人力资源专家学者的认可和支持。

第四,中国人才研究会及其人才学专业委员会对人才学学科代码调整和提升发挥了主体作用。人才学界的同志们怀着高度使命感和责任心,发扬数十年坚持不懈的精神,把握《人才规划纲要》落实的时机,充分依靠人才工作主管部门,最终实现了人才学学科代码调整和提升的近期目标。

总之,人才学学科代码调整和提升,是贯彻落实全国人才工作会议精神和《人才规划纲要》的产物,是中国人才学界长期坚持不懈努力的结果。

三、人才学学科代码调整和提升后的今后任务

首先,广泛宣传,提高对学科代码调整和提升的知晓度。采取多渠道、多平台、多形式加以宣传。可通过研究会及其专业委员会系统各种会议和活动加以广泛宣传;通过组织人事部门系统结合人才工作加以宣传;通过新闻媒体特别是组织人事报刊加以广泛宣传。

其次,夯实和创新人才学基本理论。一是坚持"以人才为本"理念为指导,进一步深化人才学研究。人才学研究的出发点和落脚点应体现"人才成长"和"人才发展",以"人才运动过程"来建构新的人才学学科结构框架。人才主体性应贯穿于人才开发活动全过程等,以此来建构人才学的专业化话语生产体系。二是进一步强化人才学的"中国特色"。要强化科学人才观研究,强化区域人才分异性研究,强化中国人才思想史研究等。三是在全球化、信息化、智能化背景下进一步深化人才学基本问题研究。例如,未来人才的概念、特征和价值研究;未来人才的成长和发展过程及规律研究;未来人才开发活动新特点的研究。

再次,进一步完善人才科学体系。一是开拓人才交叉学科研究。如人才统计学、人才社会学、人才战略学、人才法学等研究。二是强化专门人才学研究。当前,要加强社会工作人才学、农村实用人才学、高技能人才学等研究。

最后,推进"人才学专业学位教育协同体"的建设。在中国人才研究会及其人才学专业委员会系统内,发动会员单位以各种形式组建"研究生学位教育协同体",包括校校协同、校所协同、校地(区域)协同等。通过整

合学术资源和力量,进一步突破在《授予博士、硕士学位和培养研究生的学科、专业目录》中增设"人才学"学科专业目录。

主要依据文献：

[1]国家中长期人才发展规划纲要（2010—2020 年）[M].北京：人民出版社,2010.

[2]中华人民共和国国家质量监督检验检疫总局,中国国家标准化管理委员会.GB/T13745－92 学科分类与代码[S].北京：中国标准出版社,1992.

（该文系笔者作为研究会顾问,于 2012 年 6 月 14 日在深圳向 2012 年中国人才研究会年会暨加强人才学科建设研讨会所作的报告。）

我的学术生涯与学术思想

——人才学研究领域

　　首先,十分感谢中国人才研究会人才学专业委员会、华东师范大学(以下简称华东师大)人文与社会科学研究院、人才发展研究中心为我举办人才学学术思想研讨会!十分感谢在座的各位同志、老师在百忙之中抽出时间来参加我的学术思想研讨会!也十分感谢各位研究生的参与!

一、我的学术简历

　　我于1957年9月入华东师大地理系学习,1959年10月提前留校,边工作边学习,1961年7月从地理系毕业。1961—1966年,于华东师大地理系党团工作,兼顾日本经济地理教学,编写日本经济地理讲义。

　　自1979年始,四十年来,我的学术研究领域"两轮驱动"。一轮是人才学研究。我作为国家重点师范大学的教师一员,是教育工作者的职责驱使我踏上研究人才之路,从此与人才学结下了不解之缘。一轮是成人教育学研究,以后延伸至社区教育学、老年教育学、终身教育学等研究。我立足于成人教育工作岗位,干一行,爱一行,钻一行,精一行。两轮之间以人才资源开发研究为轴,将两轮联系起来,开展交叉综合研究。

　　四十年来,我独著或主编主笔或作为第一作者,公开出版著作45部,其中人才著作23部;发表论文200余篇,其中人才研究论文100余篇。在此基础上,分别于2009年、2011年出版了《叶忠海人才文选》(7卷)、《叶忠海学习与教育文选》(9卷)。

自 1989 年来,我作为课题组负责人先后承担国家级、省部级课题 20 项;作为专家顾问或首席专家参与国家人才规划、老年教育规划的编制;作为第一起草人或主要起草人参与成人教育培训术语、社区教育服务指南的国家标准的制订。

先后获全国、省级科研成果一等奖 3 项、二等奖 6 项、三等奖 9 项;国家标准创新奖 1 项;中国人才研究会特等奖 1 项。1993 年始,享受国务院政府特殊津贴,2003 年被教育部聘为社区教育专家,2008 年被中央人才工作协调小组聘为《国家中长期人才发展规划纲要(2010—2020)》编制工作专家顾问,2009 年获中国人才研究会"中国人才学研究突出贡献奖"。

二、对人才学基础理论研究的开拓

自 20 世纪 80 年代初至今,我坚持人才学基础理论研究的开拓,先后出版的代表作有:《人才学概论》(第一作者,1983)、《普通人才学》(主编主笔,1990)、《人才学基本原理》(主编主笔,2005)、《人才学基本原理研究》(独著,2009)、《新编人才学通论》(主编主笔,2013)、《新编人才学大辞典》(总主编,2015)。其中,《普通人才学》荣获国家人事部人才人事研究优秀成果评奖一等奖。

第一,创建人才学"一轴四论"的框架结构(1983)。我与陈子良、缪克成、杨永清合著出版的《人才学概论》就是搭建了该构架模式。"一轴"是指人才学的主轴:创造性;"四轮"是指人才学构成的四个基本部分:导论、人才基础论、人才成长发展论、人才开发论。1984 年出版的《中国百科年鉴》,在介绍哲学社会科学新学科人才学时,将《人才学概论》一书作为代表作予以介绍。

第二,界定人才的概念(1983、1990)。人才学是以人才现象作为研究对象的一门学科。要研究人才现象,首先要从"人才"这个基本概念入手。我认为,"人才是指在一定社会条件下,具有一定知识和技能,能以其创造性劳动,对社会或社会某方面的发展作出某种较大贡献的人"。在这里,人才概念强调下列三点:一是强调"创造性劳动",即规定人才劳动的性质——"创造性";二是强调"贡献",即规定人才劳动的方向性——"进步性";三是强调"在一定社会条件下",即规定人才劳动的社会历史性。

第三,探索人才本质(1983)。关于人才本质的问题,我在《人才学概论》中指出,本质是事物的根本性质。事物的本质属性就是关于该事物质的规定性。质的规定性的改变,就是对该事物的否定。创造性、进步性、社会历史性系人才的本质属性,人才本质即该"三性"的统一。

第四,提出"人才智能结构"(1980、1983)。1980 年我与缪克成合写的《大学生智能结构研究与培养》一文首次提出"人才智能结构"这一观点,此文也在当年合肥召开的第一次全国人才学研讨会上发布。1983 年出版的《人才学概论》进一步强调该观点,指出"智能结构是指一个人具有的知识、技能和能力组成的多序列、多要素、多层次的动态综合体","创新能力是最佳智能结构的首要构成部分,是人才成功的最重要的能力"。该书还预言:"人才的智能发展过程,既有自然认识过程,即人自身进行的认识过程,又有人工认识过程,即人工控制的电子计算机一类认识工具所进行的过程。当两个过程巧妙结合时,人才智能向高度发展。"

第五,多学科视角研究人才价值(1983、1990、2005)。自 20 世纪 80 年代始,我以马克思主义唯物史观为指导,从哲学视角研究人才历史作用,撰写了《人才历史作用的哲学思考》一文,作为《普通人才学》一书的组成部分。该文指出:"人才,哪怕是杰出人才、伟大人物在社会历史中的作用,总是受社会历史进程的一般趋势所制约。他们只能在一定社会历史条件下所提出的历史任务范围内,发挥自己推进社会发展的作用。具体来说,应符合以下三个条件:一是应顺应历史的一般趋势;二是必须正确认识和对待客观条件;三是必须按照人民群众的意志办事。在人才作用问题上,既要防止全盘否定人才在社会发展中的作用,又要防止夸大人才的作用。人才推动社会历史发展,其途径和形式是多种多样的,各类人才均有其各自的具体途径和形式,起着各自特殊的作用。

21 世纪初始,我又从经济学视野研究人才价值,撰写了《人才价值的经济学思考》一文,作为《人才学基本原理》一书组成部分。该文以人才资源价值的基本含义为逻辑起点，提出了人才资源所有者应分享现代企业的净剩余，并提出了确定人才资源价值系数的要点，对人才资源价值计量作了探讨，提出了计量公式。

第六，阐明人才成长和发展基本原理——综合效应论（1983、1986、1990）。1983 年我在《人才学概论》一书中指出："人才成长和发展是受多因素影响的综合效应。既有先天的遗传素质作用，又有后天的社会环境的影响，特别是还有人才个人的社会实践和主观努力的因素。"之后又先后在 1986 年出版的《人才教育学》（杨永清、叶忠海）和《普通人才学》中进一步阐明"人才成长是以创造实践为中介的、内外诸因素相互作用的综合效应。其中，内在因素是人才成长的根据，外部因素是人才成长的必要条件，创造实践在人才成长中起决定作用"，并首次绘制了"个体人转化为人才过程示意图"和"人才成长和发展综合效应示意图式"。

第七，着力探索人才规律体系（1983—2012）。四十年来，坚持不懈着力探索人才规律体系。1983 年，我在《人才学概论》中指出："人才成长和发展规律是多层次的。不能仅作一般规律的研究，还必须研究特殊规律"。并指出，"一般规律存在于特殊规律之中，一般规律与特殊规律在一定条件下可以互相转化"。之后，又在《普通人才学》中进一步指出，"人才规律是指人才成长过程中在一定条件下所具有的可重复的必然关系或概率性重复的概然关系"，"人才规律，既存在于人才成长过程中的必然联系之中，有必然性规律—因果性规律；又存在于人才成长过程中的概然联系之中，有概然性规律—统计性规律。"

"人才规律是一个多序列、多层次的立体网状结构的人才规律系统。"从人才规律层次和作用范围而言，人才规律可分为人才个体规律，包括人才个体成长和发展规律；人才群体规律，包括人才群体成长和发展规律；社会人才总体规律，包括社会人才总体发展运动规律。

个体人才成长和发展规律有：有效的创造实践成才规律（钟祖荣、叶忠海，1990）、人才过程转化规律（叶忠海，1990）竞争择优成才规律（叶忠海、钟祖荣，1983，2013）、优势积累和发挥成才规律（叶忠海、钟祖荣，1983，2013）。

群体人才成长和发展规律有：高端引领效应律(叶忠海、钟祖荣，2013)、共同愿景凝聚效应律(叶忠海、钟祖荣，2013)、互补优化效应律(叶忠海、钟祖荣，2013)。

社会人才总体发展运动规律，除哲学视野下提出时势造就人才规律外，我在1994—2013年还在地理学、生态学视域下探索社会人才总体发展运动规律。我在2000年独著出版的《人才地理学概论》一书中，阐明了地理学视域下社会人才总体发展运动规律：人才空间分布形成规律——合力效应律、整体协调律，人才空间分布发展规律——点、轴、网、面规律；在2013年主编出版的《新编人才学通论》一书中，又阐明了生态学视域下社会人才总体发展运动规律：一是人才生态圈群落效应律，包括异质互补的优化效应律、生态位矛盾及转化效应律、竞争筛选的张力效应律；二是人才与生态协同进化律等。

三、对人才地理学研究的开拓

自1987年始，我开展了人才地理的研究，做了下列的学术研究与教学工作。

第一，创建人才地理学。1989年，接受刘君德教授的委托，作为课题组负责人承担国家自然科学基金项目"中国东南部丘陵山区人才开发和教育改革综合研究"。1994年，作为课题组组长又承担国家自然科学基金项目"区域人才地理原理与中国人才资源空间开发研究"。在区域人才空间开发系列研究基础上，加以综合研究和理论提炼，形成人才地理学的框架结构和基本内容，于2000年独著出版了我国首部以"人才地理学"命名的专著《人才地理学概论》。该书多视角揭示了人才空间位移的内在机理，揭示了人才空间分布形成和发展规律，以及不同类型人才空间分布的特殊性；首次提出了人才区划及其指标体系。该书荣获国家人事部第三届全国人才人事科学优秀成果评奖二等奖。我国著名地理学家陈吉余院士评价该书："该书系我国第一部人才地理学学术著作，这标志着我国人文地理学和人才学又开拓了新的研究方向"，"该著作不仅具有开创性的学术价值,而且对我国人才资源空间开发,以及深入开展人才区划工作具有现实的指导意义。"

第二,开展系列性区域人才空间开发研究。自 1987 年始,开展了不同类型区域的人才空间开发研究。1987 年,开展了中国西部不发达地区人才开发的研究;1992—1994 年,开展了国家旅游度假区、高新技术开发区人才空间开发研究;2002 年,开展了上海市人才区划及其开发比较研究;2005—2006 年,开展了长江三角洲人才开发一体化研究。此外,在1991—1992 年期间,我和研究生罗秀风还开展了人才历史地理研究,撰写了《南宋以来苏浙两省成为中国文人学者最大源地的综合研究》。在此基础上,2006 年本人主编出版了《区域人才开发研究论集》,2009 年又出版了《人才空间开发实证研究》,系《人才地理学概论》的姐妹篇。

第三,开展人才高地研究。1995 年,我参与了上海市人才高地研究。从人才地理学视角,指出人才高地即人才发展的极核区,或称人才发展的高势能区。其基本标志可归纳为"五高":人才数量分布的高密度、人才质量的高水准、人才结构的高对应、人才流动的高活力、人才产出的高效应。该研究成果被上海市委采纳,后转化为人才工作的考核评价指标。此外,我还研究"国际三中心"人才特色。经对新加坡、东京及中国香港地区的考察,于 1993 年撰写了《国际经济金融贸易中心人才总体特色和上海人才资源开发国际化》一文,提出人才国际化应包含人才构成国际化、人才素质国际化、人才活动空间国际化、人才开发国际化、人才效益达到国际化水平等观点,为上海人才开发工作决策提供咨询服务。

21 世纪初,随着上海市率先在国内提出"实施国际人才高地战略",而我又研究国际人才高地,于是撰写了《构建国际人才高地指标体系的若干基本问题》一文。该文对国际人才高地作了表述,提出了国际人才高地的基本标志,并探索研究了国际人才高地指标体系架构。其中,将国际人才高地的基本标志归纳为新"五高":人才集聚度高、人才辐射度高、人才开发开放度高、人才创新贡献度高、人才价值实现度高。

四、对女性人才学研究的开拓

第一,创建女性人才学。基于对马克思名言"没有妇女的酵素就不可能有伟大的社会变革"的认知,以及对"女性人才在社会主义物质文明和精神文明建设中有着不可忽视的特殊重要意义"的认识,我于1984年始,坚持女性人才学与女性人才开发研究,1987年独著出版了我国首部女性人才学专著《女性人才学概论》,为女性人才学搭建了框架结构和基本内容。该书较为系统地论述了女性人才的独特社会功能,阐明了女性人才成长和发展的生理优势、智力优势、心理品格和成才特征,提出了女性人才发展的终身设计,因性施教培养女性人才,强调了女性人才的发掘、使用和保护,分析了女性人才辈出的社会条件,以及对开创我国女性人才辈出新局面,提出了思路和诸多可操作的举措。该著作对于女性人才学创建起了奠基作用,对科学而有效地开发女性人才具有一定的指导作用。

第二,着力研究女性领导人才成长和开发。1993—1997年,我作为课题组长牵头承担了国家哲学社会科学基金项目"新时期中国女领导人才成长和开发研究"。该课题分别在上海、福建、湖南、山西、内蒙古、广西等省区作了大数量问卷调查,在此基础上经分析研究,形成了研究报告,最终出版了《中国女领导人才成长和开发研究》(2000)。该研究成果阐明了新时期中国女领导人才应有的素质,揭示了女领导人才成长发展内在因素的特殊性、外在环境支撑系统、较佳的创造实践模式,并对女领导人才总体成长发展规律作了理论概括和提炼,评析了我国女领导人才及其开发的现状,提出了新时期中国女领导人才开发的战略构思和对策,以及对东、中、西部不同区域的女领导人才开发,提出了有针对性的专门建议。该成果荣获第二届国家人事部人才人事研究优秀成果评奖一等奖,我也受到中央党校的邀请,为中高级领导干部作了专题讲座。

五、对其他专门人才研究的开拓

第一，对教育人才学研究的开拓。自 20 世纪 80 年代起，我先后与杨永清、钟祖荣两位教授合作，对教育人才的内涵、劳动性质、社会价值、成长规律性以及科学开发等作了总体系统研究，并将教育人才划分为教育行政人才、学校管理人才、学科教学人才、教育研究人才等，进行分类细化研究。1986 年，与杨永清合著出版了《人才教育学》；1993 年，与钟祖荣合著出版了《教育人才学》。

《教育人才学》一书阐明了教育人才的重要特征：思想道德的高尚性、教育智能的复合性、行为倾向的示范性、心理健康的高适性、成才的长期性和晚成性。《人才教育学》一书揭示了教育家成功的一般特点：热爱教育事业，对受教育者有深厚感情；知识渊博精深，具有独特的育人思维；亲自办学讲学，注重教育思想、教育实践、教育科研的有效结合；教育家往往又是思想家、哲学家等。关于教育人才的科学培养问题，我于 1984、1989 年曾先后提出教育人才成长规律，这是教育人才培养的理论基础。教育人才的科学培养，必须遵循教育人才成长规律；教育人才的科学培养，是一项复杂的系统工程，必须使师范教育的准备阶段、职前师范教育阶段、职后在职师训练阶段有效衔接。

第二，对科技人才研究的开拓。20 世纪 80 年代，我对科技人才的概念、劳动性质、社会作用、成功特点、科学培养等基本问题作了系列研究。自 20 世纪末始，我对科技领军人才成长和开发作了专门研究。1999 年，作为课题组长承担教育部人文社会科学项目"上海市学术技术带头人的成长和开发研究"，于 2001 年完成该课题研究报告。以后，又在此基础上，对科技领军人才的界定和意涵、战略价值、成长发展的特殊性以及科学而有效的开发，作了较为深入的系统研究，撰写发表了《科技领军人才的价值、成长特点和开发对策》一文（2005、2012）。

我在上述的研究报告中指出，科技领军人才，即学术和技术带头人，是指在一定的时间和空间范围内，得到业内专家评价和确认，对某领域、某方面科技发展作出卓越贡献并处于领先地位,正在发挥引领和带头作用的高科技人才群体。2005 年,我在上述的论文中又指出,该群体是建设创新型国家关键中的关键,是科技人才团队的"灵魂""晶核"和"舵手"。科技领军人才在科技人才团队中起着如下作用:培植团队的科研精神、把握团队的发展方向、提升团队的创新水平、形成团队的师承效应、发挥团队的晶核凝聚作用。

科技领军人才成长和发展的内在素质特征体现为高目标的成就动机、非凡的战略思维、优化的智能结构、坚韧的个性心理、独特的领军魅力。其成长发展的外部支撑要素的特殊性表现为:有机会领衔领先性、前沿性的科研项目,具有创造实践活动的优化发展空间和自主控制权,以及具有一支前沿性、结构合理的创新科研团队。

要科学而有效地开发科技领军人才,我认为有下列诸点要着重解决:一是树立"过程意识",实施人才动态开发过程的整体开发;二是搭建创造实践舞台,加大创新研发投入;三是形成创造实践失败的宽容机制和成果的保护机制;四是健全适应社会主义市场经济体制的人才激励机制;五是建立和健全适合科技领军人才更新智能的制度;六是完善科技领军人才的健康保障体系。

此外,我于 20 世纪 80 年代初还对艺术人才作了些粗浅研究。

六、我的学术研究体会

四十年来,我对开展人文和社会科学、管理科学研究,有下列浅薄的体会:

第一,社会责任是研究成功的思想基础。学术研究的宗旨在于促进科学进步,从而促进社会可持续发展,归根结底是为人类文明和幸福服务。就人才学研究而言,其宗旨是推进人才学学科发展,从而促进人才工作科学发展,促进人才全面发展。据此,科学研究必须对科学负责、对社会负责、对人民负责,经得起科学的检验、历史的检验、社会的检验、人民的检验。增强社会责任感和历史使命感,是对每位研究者提出的要求。

它既是研究成功的思想基础,也是研究成功的内在动力。

第二,选好主题是研究成功的第一要素。学术研究,首先要解决选题。题目选得好,不仅使研究有意义,而且可加快研究的进展,提高研究成功的概率。多年来,我选题时,首先考虑有无创新价值,包括学术价值和应用价值,同时考虑自身的研究基础和工作积累,即在目标的创新性、效用性与实现目标的可行性的最佳结合点上来选题。譬如,我申报"区域人才地理原理和中国人才资源空间开发研究",开拓人才地理研究方向,就是首先考虑人才地理研究是人才学和人文地理学创新的领域,又考虑本人兼具人才学和本科学习地理学专业的优势。实践证明,这样的选题,既能在研究领域有新的开拓,又能保证课题研究的成功。

第三,调查研究是研究成功的基石。人文和社会科学、管理科学具有很强的社会性和实践性,其研究要获得成功,必须深入社会实践,开展调查研究。"没有调查,就没有发言权"。"应当从客观存在着的实际事物出发,从其中引出规律,作为我们行动的向导"。调查不仅应面向历史文献调查和外国调查,最为重要的是面向社会实际调查。譬如,我作为课题组长承担的国家攻关课题"长江三峡工程研究"的分课题——"长江三峡工程的管理模式和人才开发研究",是在对国内外大型水电工程调查研究基础上完成的。我们课题组不仅通过查阅外国文献,了解巴西伊泰普、美国大古力、苏联古比雪夫等世界著名水电工程的管理模式和人才开发的状况,更重要的是实地考察了我国黄河小浪底、四川二滩、云南鲁布革和漫湾、广西岩滩、广东广蓄、福建水口等国内大型水电工程的管理模式和人才开发的战略,然后联系三峡水电工程的特征,完成了研究报告。鉴定专家认为,研究报告提出的"不少构思设想、对策建议富有新意,具有独创见解,并有针对性,是份有重要参考价值的研究咨询报告"。该成果被评为1994年上海市科技进步奖二等奖,提名一等奖。

第四,交叉综合是研究成功的有效模式。人文和社会科学、管理科学以复杂的人文和社会现象作为研究对象,特别是重大的人文和社会科学、管理科学课题,具有多结构性的特点。人文和社会科学、管理科学的基本属性及其研究特点,规定了其研究方法必然是综合的、交叉的。在现代科学发展整体化趋势占主导地位的今天，交叉综合就是创造性的体现。多年来，在此思想指导下，我成功地采取了交叉综合的研究策略，完成了多项跨度特大的国家级课题。如前所述的"长江三峡工程的管理模式和人才开发研究"就是典型一例。又如"中国东南部丘陵山区人才开发和教育改革综合研究"，即在自然地理学、管理学、人才学、教育学等多学科交叉处做综合研究。

第五，素质和联盟是研究成功的力量所在。研究者的素质，当然是学术研究的基本条件，直接关系到研究成功与否。人文和社会科学、管理科学的基本属性及其研究特点，从根本上要求研究者必须具备复合型素质，以适应综合研究的需要。多年来的学术研究实践使我体会到，研究者的复合型素质主要体现在蛛网式三层次智能结构和跨学科综合研究能力上。这种智能结构，由内核层、中间层、外围层构成，其中内核层由专业知识和技能组成，中间层由相关知识和技能组成，外围层由基础知识和技能组成。研究者具备这种复合型素质是开展人文和社会科学、管理科学研究的创造力和活力的内在机理。

尽管如此，面对跨度大、综合性强、多结构性的课题研究，个体的力量、单一学科专家的力量仍是不够的，必须要组成不同学科研究者的联盟，以及理论工作者和实际工作者的联盟，以支撑课题研究。譬如，我作为课题组组长在做国家级项目"区域人才地理和中国人才资源空间开发研究"时，就组成了人才学和人文地理学研究者的联盟。科研实践表明，研究者的素质和联盟是人文和社会科学、管理科学研究成功的力量所在和关键之处。

四十年来，我深切地体会到，本人之所以能在人才学和人才资源开发方面取得一点成绩，首先得益于党和国家改革开放的大政方针。没有改革开放，就没有中国人才学，也就谈不上我对人才学的研究，更谈不上我有今天的一点成绩。其次离不开中国人才研究会王康、敢峰、徐颂陶等老领导对我的信任、勉励和支持；离不开匡亚明、夏书章、吴泽等老前辈在我研究的关键时刻，对我的学术成果的充分肯定和激励；离不开华东师大张婉如、袁运开等老领导和吴铎、江铭、金一鸣、刘君德等教授关心和帮助；

离不开以王通讯教授为代表的人才学界的挚友和同行们在我研究过程中始终如一的帮助和支持;离不开我的助手、学生的全力协助和配合。最后离不开家人的鼎力支持和帮助,在此一并表示最诚挚的谢意!

成绩只说明过去,探索开拓永无止境。尽管我已 80 周岁,步入高龄老年之列,但只要身体允许,我仍愿继续为中国人才学学科和学派的发展贡献一点微薄的力量。生命不息,学习思考不止。再次感谢大家!

主要参考文献:

[1] 叶忠海,陈子良,缪克成,杨永清. 人才学概论[M]. 长沙:湖南人民出版社,1983.

[2] 叶忠海. 普通人才学[M]. 上海:复旦大学出版社,1990.

[3] 叶忠海. 人才学基本原理[M]. 北京:蓝天出版社,2005.

[4] 叶忠海. 人才学基本原理研究[M]. 北京:高等教育出版社,2009.

[5] 叶忠海. 新编人才学通论[M]. 北京:党建读物出版社,2015.

[6] 叶忠海. 叶忠海人才文选(7 卷)[M]. 北京:高等教育出版社,2009.

[7] 叶忠海. 女性人才学概论[M]. 长春:北方妇女儿童出版社,1987.

[8] 叶忠海. 人才地理学概论[M]. 上海:上海科技教育出版社,2000.

[9] 叶忠海. 区域人才开发研究论集[M]. 上海:上海三联书店,2006.

(本文系 2019 年 6 月由中国人才研究会人才学专业委员会与华东师范大学人文科学研究院联合举办的"叶忠海人才学学术思想研讨会"的主题报告,后收入齐秀生主编的《人才研究(第五辑)》,山东大学出版社,2020 年。)

人才地理学创建的回顾和体会

2011 年 12 月 29 日，北京传来了好消息，国家标准化管理委员会公布的《学科分类与代码》将人才地理学作为三级学科纳入其中，学科代码为8407235，意味着人才地理学被国家认可。这是全体人才地理学人 20 余年努力奋斗的结果。

一、学科创建的背景和条件

1. 客观紧迫性

党的十一届三中全会以来，党的工作重点转移到社会主义现代化建设上来，人才问题是关系到社会主义现代化建设成败的关键问题。大力开发人才资源是全党全国人民面临的重大任务。其中，如何因地制宜科学有效地开发人才资源，使人才资源开发活动体现"空间特色"，是地理学界和人才学界必须作出正确解答的一个重大理论与实践问题。特别是 21世纪以来，我国作出"实施西部大开发战略，加快中西部地区发展"等系列重大决策后，人才地理研究尤为紧迫。我国社会主义现代化建设的推进，急切呼唤着人才地理学的诞生。

2. 现实基础

人才地理学的创建，不仅有其客观紧迫性，而且有其可能性。一是人才资源空间开发活动是建立人才地理学的实践基础。其主要反映在，自20 世纪 80 年代开始，特别是 90 年代后，各地区开展了区域人才预测工作，并在制定区域发展战略的同时，制定人才发展战略。随着经济开发区、高新技术开发区、国家旅游度假区等的建设,区域人才资源空间开发活动前所未有地活跃起来。所有这一切实践活动,积累了丰富的人才资源空间开发的实践经验,为人才地理学的建立打下了扎实的基础。二是人才地理研究成果的积累是建立人才地理学的理论基础。纵观人才地理研究的历史,不难发现,早在 20 世纪 20、30 年代,就有以分析人才历史地理现象为先导的系列成果的涌现,最具代表性的有丁文江的《历史人物与地理的关系》(1923)、潘光旦的《近代苏州的人才》(1935)等成果。80 年代后,人才地理研究又有一定的发展。据笔者不完全统计,1986 年后的 10 年中,人才地理研究论著就有 100 篇(部)左右。特别是在 1992 年和 1994 年召开的两次"中国东南地区人才问题国际研讨会",汇聚了一批"区域人才地理""人才历史地理"的研究成果。没有上述的人才地理研究成果的积累,是不可能一步到位创建人才地理学的。

二、学科创建的历程

1. 开端

在上述背景下,华东师范大学刘君德教授具有敏锐的学术眼光,他深切体会到,人才资源是区域发展的第一资源,人才地理研究具有重要性和紧迫性。他就找笔者商量合作开展当代人才地理研究,并拟在此基础上创立人才地理学。笔者地理系毕业后,当时正在研究人才学和区域人才开发,也正有拟利用原有地理专业的背景,创建人才地理学的志向。于是,我们一拍即合,于 1988 年合作启动了人才地理研究。

2. 过程

整个研究以科研项目为抓手,以研究生教育为平台,以区域人才开发研究为重点而加以展开。首先,刘君德教授亲自主笔,与笔者合作撰写发表了《人才地理——人才学的一个重要领域》《中国人才开发的空间研究》两篇论文,作为人才地理学研究的铺垫。之后,我们进一步合并,于 1989年申报国家自然科学基金项目"中国东南部丘陵山区人才开发与教育改革的综合研究",取得了全国首个研究人才地理的国家项目。因该课题研究以福建省山区为例,于是我们与福建省人事局合作,联合成立了以刘君德为组长,笔者、潘潮玄(福建省人事局)、黄威义、应稚(福建省人事局)为副组长的研究团队。研究团队两次深入福建山区开展调查研究,最终由笔者、周克瑜等人执笔完成了《中国东南部丘陵山区人才开发与教育改革的综合研究报告——以福建省山区为例》(1991)。该项研究,集地理学、人才学、教育学研究成果和方法于一体展开,创立了人才地理系列性专业术语,首次提出人才开发区划分及其原则,并将福建山区划分为四个不同人才开发区。1993年,该项成果获得了福建省科技进步奖二等奖。

此后,华东师大人才研究团队又与长江三峡开发总公司人事部合作,取得了"八五"国家重大攻关项目"中国长江三峡工程研究"的分课题"长江三峡工程管理模式和人才开发的综合研究"。成立了以笔者为组长,陶楚才主任(三峡开发总公司人事部)、罗祖德教授、张平宇副研究员、薛永存主任(三峡经济开发总公司人事部)等为副组长的课题组,历时18个月,于1993年3月完成了《长江三峡工程管理模式和人才开发的综合研究报告》,并通过专家鉴定,于1994年获上海市科技进步奖二等奖(提名一等奖)。此外,在90年代前半期,笔者开展了国际大都市人才高地及人才资源开发国际化研究,还带领人才地理研究生开展了国家旅游度假区——无锡马山区人才开发研究,研究成果得到马山区区委赞许并采纳。

在上述研究基础上,为了深入研究人才地理基本原理,构建人才地理学基本框架和内容,也为我国制定人才资源空间开发的战略对策提供科学依据,笔者得到许世远教授的大力支持,又成功申报国家自然科学基金项目"区域人才地理基本原理和中国人才资源的空间开发",成立了由笔者担任项目组长、黄威义教授担任项目副组长的研究团队,并在内蒙古、湖北、广东成立了分课题组。课题组首先选择新疆维吾尔自治区为空间研究样本,在该自治区人事厅支持配合下,实地考察了乌鲁木齐市、克拉玛依市、石河子市及吐鲁番地区,通过召开座谈会、发放调查问卷、拜访有关专家学者,完成了《新疆维吾尔自治区人才资源的空间分布与开发研究报告》,并对自治区进行了人才区划。在历时三年的研究中,课题组完成了新疆、云南、内蒙古、湖北、广东等5省区的实证研究,开展了8个专题的深入研究,撰写了 10 篇专题论文,最终由笔者执笔完成了该项目的研究总报告。

至此,笔者通过对 1984—1985 年中国西部地区人才开发研究,1989—1991 年中国东南部丘陵山区人才问题和人才开发研究,1992—1994 年国际大都市、国家旅游度假区、高新技术开发区人才开发研究,特别是 1995—1997 年上述的区域人才地理原理和中国人才资源空间开发研究等一系列人才地理研究,并在此基础上又延续发展加以综合研究,撰写出版了以"人才地理学"命名的我国首部人才地理学专著《人才地理学概论》(2000)。该书首次揭示了人才空间分布形成和发展规律,揭示了不同类型人才空间分布特殊性;多视角揭示了人才空间位移的内在机理;首次提出了人才区划的指标体系,并首次尝试将我国划分为八大人才开发区。

3. 发展

21 世纪初,笔者与人才研究团队成员朱宝树教授、邱永明副研究员、陈琦硕士等运用人才地理学基本理论和方法,承担了多项应用性项目。2001 年 10 月—2002 年 3 月,与上海市人事局合作,联合开展了上海人才区划研究。历经半年,完成了《上海人才区划及其发展比较研究报告》,并向市政府提交了《关于上海市人才空间开发地区导向的建议书》。之后,团队又接受江浙沪两省一市人事部门的委托,开展了"长江三角洲人才开发一体化研究",由笔者担任课题组长,江浙沪两省一市人事部门有关部处处长担任副组长。该课题研究历经 10 个月,最终由笔者于 2005 年 6 月执笔完成《推进长江三角洲人才开发一体化研究报告》,附录有《长江三角洲人才资源的现状分析》《长江三角洲地区若干人事人才政策梳理比较研究》《推进长江三角洲高技能人才开发一体化的对策》等。

三、学科创建的成果

1. 构建了人才地理学的框架结构和基本内容

人才地理学是一门跨人才学与地理学的交叉学科。在地理学大系中属人文地理学范畴,它是研究人才现象空间差异及其形成发展的空间规律的一门学科。人才地理学的框架结构由如下内容构成：人才与地理环境相互关系的研究；人才空间位移机理的研究；人才空间分布规律及其地域差异的研究；人才空间开发的基本理论研究；人才区划与区域人才规划的研究等。

2. 培养了一批人才地理研究人才

在西欧北美地理研究所及其人文地理专业学位点大力支持下，刘君德与笔者合作，在人文地理学专业学位点内开创了全国首个人才地理学研究生教育方向，全国首个人才地理学研究生教育培养基地由此诞生。在1989—2001年期间，该基地培养了一批人才地理研究方向的博士和硕士。

3. 涌现了一批人才地理应用研究成果

在上述《人才地理学概论》问世基础上，笔者又分别于2006年、2009年出版了《区域人才开发研究论集》《人才空间开发实证研究》两部著作，作为《人才地理学概论》的姐妹篇。两部著作汇集了15个项目人才地理应用研究成果。另外，还涌现了一批具有应用价值的研究论文，如《中国现代人才地理基本问题》(朱翔,1989)、《省区人才区划研究》(顾春平,1990)、《区域人才非平衡开发的理论和实证研究》(郭羽,1992)、《人才专业结构演变的区域经济分析及其实证研究》(廖庆聪,1992)、《改革开放过渡区人才与经济协调发展研究》(文亚青,1992)、《南宋以来苏浙两省成为中国人文学者最大源地的综合研究》(叶忠海、罗秀凤,1994)、《国家旅游度假区人才开发研究——以无锡马山区为例》(陈琦,1994)等。

四、学科创建的体会

1. 学科交叉是地理学新学科的生长点

科学发展史表明，新科学生长点往往是在学科边缘区、学科与学科之间交界处。人才地理学的创建就是遵循此规律，综合运用地理学与人才学研究成果和方法，着力在人才学与地理学交界处下功夫。其创建成功，即印证了该思想的科学性和前瞻性。

2. 科研与教学相结合是地理学新学科生长的有效策略

在整个人才地理学创建的过程中，创建团队以科研项目为抓手，始终注重与研究生教育相结合。一方面，教育推进基础性理论研究的进展和深化，科研项目的完成，又均是导师与研究生共同努力的结果；另一方面，研究生在科研实践中练就了独立的科研能力，科研成果又丰富了教育教学内容，提高了研究生教育的学术水平。科研与教育共同发展，有效地推进了人才地理学这一新学科的生长和发展。

3. 组建研究联盟是地理学新学科创建的力量所在

地理学具有综合性、区域性的学科属性，人才学又是一门以社会科学为主的跨学科的综合性学科，整体性、综合性是人才学的典型学科属性。可见，要开展人才地理交叉研究，创建人才地理学，仅靠单学科力量显然是不够的，必须要组建人才学与地理学的学术力量联盟。不仅如此，人才学和地理学均是实践性很强的学科，要取得交叉研究和学科创建的成功，还必须组建理论工作者与实际工作者联盟。实践证明，上述的人才地理国家科研项目能顺利完成，离不开多学科专家学者、高校理论工作者与业务部门实际工作者组成的科研共同体努力。

主要参考文献：

［1］李旭旦. 人文地理学［M］. 北京：中国大百科全书出版社,1981.

［2］张文奎. 人文地理学［M］. 长春：东北师范大学出版社,1991.

［3］金其铭,等. 人文地理学导论［M］. 南京：江苏教育出版社,1987.

［4］刘君德,叶忠海. 人才地理——人才学的一个重要领域［J］. 高教与人才,
　　1989(5).

［5］刘君德,叶忠海. 中国人才开发的空间研究［J］. 华东师范大学学报（哲社
　　版）,1991(1).

［6］叶忠海. 人才地理学概论［M］. 上海：上海科技教育出版社,2000.

［7］叶忠海. 人才空间开发实证研究（叶忠海人才文选之六）［M］. 北京：高等教
　　育出版社,2009.

（本文收入 2021 年 8 月由华东师范大学出版社出版的《传承·地理》一书。）

女性人才学创建的回顾和体会

2011 年 12 月 29 日,北京传来了好消息,国家标准化管理委员会公布的《学科分类与代码》将女性人才学列入三级学科"专门人才学"之中,学科代码为 8407260,意味着女性人才学获得国家认可。这是我国人才学界和妇女学界 20 余年来共同努力的结果。

一、女性人才学创建的背景和条件

(一) 女性人才学创建的历史必然

党的十一届三中全会以来,党和国家的工作重点转移到社会主义现代化建设上来,人才问题是关系到社会主义现代化建设成败的关键问题。中央领导明确指出,实现社会主义现代化,"必须有知识,有人才。没有知识,没有人才,怎么上得去?"①对人才和人才问题研究的需求,显得尤为紧迫。可见,推进我国社会主义现代化建设的客观要求呼唤人才学的诞生。

1982 年,党的十二大向全党、全国人民发出了全面开创社会主义现代化建设新局面的伟大号召。为响应党中央的号召,中国人才研究会在 1983 年初召开的第二届全国人才研究学术讨论会上,要求全体人才研究工作者"振奋精神,开拓前进,坚韧不拔,奋斗不息",开创人才研究的新局面,并要求对人才学各个方面的问题开展分门别类的研究,逐步建立起比较完整、比较科学的有中国特色的人才学体系。其中,女性人才学研究很

---

① 邓小平. 邓小平文选(第 2 卷)[M]. 北京:人民出版社,1994:40.

自然被提了出来。可见,女性人才学的创建是开创我国人才研究新局面的必然要求。

1984年,全国妇联召开了第一次全国妇女理论讨论会,迈出了我国妇女理论研究关键的一步。1986年10月,又召开了第二次全国妇女理论研讨会。我国妇女理论研究的热潮在全国形成,一批有相当分量的论文先后发表。更为可喜的是,全方位多层次的妇女理论研究,已日益得到学术界的重视,出现了从史学、哲学、法学、社会学、人口学、心理学、教育学等不同学科领域、不同侧面研究妇女和妇女理论问题的好势头。其中,从人才学角度研究提高女性素质,促进女性成才和发展,开创了我国女性人才辈出的新局面,于是女性人才学应运而生。可见,女性人才学的创建,也是妇女理论研究发展的必然趋势。

(二)女性人才学创建的现实基础

女性人才学的创建,有其客观必然性。一是女性人才开发的实践活动是建立女性人才学的实践基础。多年来,组织人事部门、各级妇联多方位卓有成效的女性人才开发和妇女工作实践,特别是对女科技人员、女干部、女企业家的开发工作,为女性人才学创建打下扎实的基础。二是人才学研究和妇女学研究的成果积累是建立女性人才学的理论基础。在人才学研究领域,已涌现了一批开创性研究成果,其中代表性著作有:《人才学概说》(彭文晋,1983)、《人才学概论》(叶忠海等,1983)、《人才学通论》(王通讯,1985),以及《列宁人才思想研究》(叶忠海等,1986)。在妇女学研究领域,《妇女解放问题基本知识》(罗琼,1986)、《妇女学概论》(贺正时,1985)等专著相继问世。没有人才学与妇女学的研究成果积累,是不可能有效地创建女性人才学的。

二、女性人才学创建的历程

(一)开端

马克思曾深刻指出:"没有妇女的酵素就不可能有伟大的社会变革。"

女性人才在社会主义物质文明和精神文明建设中有着不可忽视的特殊意义，而在现实社会中，女性的成长发展中存在不少问题有待研究和解决。作为人才学研究者，我深感研究女性人才问题的必要，于是开始了女性人才研究。

20世纪80年代初，我在研究列宁人才思想过程中，研究了列宁的妇女人才思想，写了《没有大批妇女人才参加，社会主义事业是无法完成的》一文(1982)。之后，在著作《人才教育学》一书中，又专辟一章《妇女人才的培养》，后又以《妇女成才的内外因素和开发启示》为题发表相关文章(1986)。接着又陆续写了关于女性成才(功)的教育心理文稿，如《论女性人才成功的心理品格》(1986)、《加强女性教育，开发女性人才》(1987)等，发表在有关期刊上。这些均为创建女性人才学积累了一定的研究基础。

(二) 过程

1986年9月15日，受全国妇联的特邀，参加在北京召开的第二次全国妇女理论研讨会。在会上作了以"因性施教，开发女性人才"为主题的学术发言，提出了"因性施教十条建议"。会议期间，时任全国人大常委会副委员长、全国妇联主席康克清大姐专门接见了参会的10位男性代表，并与我们合影，希望我们为妇女研究作出贡献。参会后，我受到很大的鼓舞，同时也又受到来自基层妇女工作干部的激励。1986年8月，我发表《论女性成功的心理品格》一文后，收到不少基层妇女工作干部的来信，有的在信中写道，"您发表的文章我都拜读过几遍，真可谓切中要害，催人奋进!"这些，使我深切体会到女性人才学研究的价值，于是下决心为创建女性人才学作出努力。

在第二次全国妇女理论研讨会参会期间，北方妇女儿童出版社董辅文编辑向我约稿，希望我写一部女性人才学著作，作为妇女理论丛书中的一部。我欣然同意了。在多年人才学和女性人才研究积累基础上，经前后跨两年边研究边写作的艰苦努力，我国首部女性人才学专著《女性人才学概论》于1987年11月由北方妇女儿童出版社出版。该著作阐明了女性人才学的性质、研究对象、内容和方法以及与相邻学科的关系。在此基础上,较为系统地论述了女性人才在革命解放运动和社会主义现代化建设中重要的特殊社会功能;深入分析了女性人才成长和发展的内在优势和外部环境,揭示了女性成才和发展的年龄与分布等特征;多方位提出了女性人才开发的思路,包括女性人才的终身设计,因性施教培养女性人才,发掘、使用和保护女性人才;展望了女性人才辈出的社会条件和开创新局面等基本问题。山西大学刘翠兰老教授认为,《女性人才学概论》的问世,具有"开创性及前瞻性的意义"。时任湖南省科技协会党组杨敬东书记等认为,《女性人才学概论》的问世,填补了人才学和妇女学的空白点。此书于 1989 年 6 月在全国妇联组织的第二届新星杯向全国妇女儿童推荐最佳优秀图书活动中被评为优秀图书。

此后,在改革开放和社会主义现代化建设的催生推动下,到 1990 年,一批女性人才研究著作几乎同时涌现。《妇女成才论》(梁旭光等,1989)、《女性人才论稿》(张柟,1990)、《妇女人才学论稿》(刘翠兰等,1990)、《女性人才学》(余衍漪等,1992)等学术著作相继问世。这标志着在妇女学科与人才学科交叉领域内,一门崭新的女性人才学正式诞生。

(三)发展

1. 女性人才开发研究

女性人才学创建后,以女性人才学为理论基础,应用理论研究方面又有新的发展。1991—1995 年期间,在党和国家提出经济体制改革大背景下,在全国女性人才研究会(包括筹委会)组织下,女性人才学围绕"女性人才开发"这个主题深入开展研究。1991 年 3 月,在江苏无锡召开了"当代中国女性人才开发"学术研讨会,就女性人才开发的内涵、主体、价值以及开发工程等基本问题作了研讨。1994 年 5 月,在西安召开了"社会主义市场经济与女性人才开发"主题研讨会,就社会主义市场的建立对社会女性人才总体带来哪些影响,社会主义市场经济体制下全党全社会如何加强女性人才社会开发,以及女性人才自我开发等问题开展研讨。1995 年 8 月,在第四次世界妇女大会于中国召开之际,举行了"中国女性人才资源开发"为主题的非政府组织论坛。中方 8 位代表在论坛上作了学术发言,宣传中国女性人才资源开发的现状和未来,中国的做法、体会、方案获得与会的各国妇女代表的一致好评。可见,中国女性人才研究的影响力开始向海外扩散。

2. 女性领导人才成长和开发研究

"八五"期间,我国女性人才学界除总体上研究社会主义市场经济条件下女性人才整体性开发外,还深入研究了女性领导人才的开发。山东省委党校梁旭光教授在这方面较早作了研究,并主编出版了《女性领导论》(1994)。与此同时,笔者主持承担了国家哲学社会科学基金项目"新时期中国女领导人才成长和开发研究",发动并组织上海、福建、山西、湖南、广西、内蒙古等6省、自治区、直辖市党委组织部门、政府人事部门以及妇联组织参与研究。在大规模调查的基础上,该项研究对新时期中国女领导人才的基本素质、成长规律、综合开发以及区域比较等问题,作了较为系统而全面的研究,最终成果《新时期中国女领导人才的成长和开发研究》于1997年完成,1999年被评为国家人事部第二届人事人才优秀科研成果一等奖,2000年9月由上海科学技术文献出版社出版。鉴定组认为"课题研究从规模之大,研究之全面、之深入而言,在国内外尚属首次"。由此,我接受中央党校的邀请,在党校就"新时期中国女领导人才的成长和开发"这一主题给中高级领导干部作专题讲座。

三、女性人才学创建的成果

(一) 构建了女性人才学的框架结构和基本内容

女性人才学,是一门跨人才学与妇女学的交叉学科,在人才科学大系统中属专门人才学范畴。它是一门研究女性人才运动现象,揭示女性人才运动规律,促进妇女工作和人才工作科学化,促进女性人才全面发展的学科。女性人才学框架结构由女性人才的基础研究、女性人才社会价值研究、女性人才成长和发展研究、女性人才开发和保护研究、女性人才辈出研究等基本内容构成。

（二）涌现了一批女性人才应用研究成果

围绕"女性人才开发"主题，涌现了一批很有份量、很有价值的研究成果。代表性论文有：刘翠兰教授的《论社会主义市场经济下角色冲突的性别差异比较》、江苏省委党校张栿教授的《女性人才资源开发及其价值确证》、时任内蒙古自治区妇联副主席吴秉先的《女性的潜能及其自我意识》、时任上海妇女干校校长王翠玉的《女性人才的终身发展与障碍排除》等。围绕"女领导人才开发"主题，上海、福建、山西、湖南、广西、内蒙古等6省市区不仅均首次撰写了《女领导人才成长和开发研究报告》，而且发表了一批高水准专题论文。如上海市浦东新区聂祖仪、张以敏的《局级女领导干部的从政实绩和成才规律的调查研究》，张栿、潘宗白的《女领导人才开发与"正值负化"矫正》，胡秉先的《论女领导人才的成才环境系统》等。

（三）登上了大中学校和干校的讲台

女性人才学创建后，为女性人才学登上大中学校和干校的讲台奠定了教材基础。20世纪90年代始，先后有东北工学院、华东师范大学、山西大学、华东化工学院、西北电业职工大学、中华女子学院、上海市第三女子中学等校开设了女性人才学选修课。华东师范大学史学理论专业人才学研究方向还专门招收了硕士生研究妇女人才参政史，撰写的《中国妇女参政问题研究：历史、现状、未来》学位论文（康玲，1996）获得了好评。特别是各地区妇女干部学校开设了女性人才学。其中上海妇女干部学校就将《女性人才学概论》作为妇女工作岗位培训的基本教材，培训妇女干部700余人；各区县妇联也以该著作为教材，先后向各层次、各领域的女领导干部千余人传授。2014年，内蒙古师范大学马列主义专业于世花以"叶忠海女性人才思想研究"为题撰写了硕士学位论文。

（四）推动了群众性的女性人才研究

1989年5月，由我与王翠玉校长商定，以《女性人才学概论》为学术理论指导，发起成立全国女性人才研究会，以求推动群众性的女性人才研究，促进广大女性人才成长和发展。该研究会（筹）于当年12月12日在宁波镇海石化总厂成立,1993年2月25日在上海华东化工学院正式成立全国女性人才研究会,隶属于中国人力资源开发研究会,是其专业委员会之一。研究会成立后,先后在我国著名女科学家周光宇研究员、叶淑华院士,以及徐佩莉书记等多位理事长带领下,开展了多项多方面活动。一是定期召开主题研讨会(论坛),至今已召开二十余次研讨会。除上述的研讨会外,2000年5月在重庆召开了"中国西部女性人才开发"主题研讨会。又如,2009年6月与上海第二工业大学、复旦大学社会性别与发展研究中心联合举办以"社会性别与女性人才发展"为主题的国际论坛。再如,2013年10月,在成都又举办了以"创意、创新、创业——女性人才发展"为主题的研讨会。二是举办讲习班。在研究会筹备阶段,就举办了"女性人才开发与女性人才美"系列讲习班。在世纪之交的1999年6月举办了"面向21世纪女性人才发展高级研修班"。三是评选优秀成果。1994年5月召开的第二次学术研讨会上,与会代表提交了67篇论文,评选了一、二、三等奖以及征文奖。四是牵头承担大型项目,如"中国城市化与农村妇女发展研究"。五是组织小型讲师团深入企业、农村、牧区宣讲女性人才学基础知识和女性人才开发问题,促进广大女性人才成长和发展。

四、女性人才学创建的体会

(一) 学科交叉是女性人才学创建成功的基本路径

女性人才学的创建,是综合运用人才学与妇女学,以及哲学等其他相关学科的研究成果和方法,着力在妇女学与人才学交界处下功夫所获得成功的。这就印证了未来女性人才学的学科体系建设,也必然走学科交叉之路。

(二) 创造性思维链是女性人才学创建成功的内在机理

人才心理学表明,创造性思维链是人才自主创新能力的内在机理,也是创新创造的实质所在。它由选择、突破、重构三个基本环节构成,是选择、突破、重构的统一。女性人才学的成功创建也是如此。我在创建女性人才学过程中，以选择现实问题为导向，以科学事实为依据，突破思维常规定势和传统性偏见，重新构筑新的思维框架结构。如《女性人才学概论》著作中所撰写的《女性人才成长和发展的生理优势》《女性人才成长和发展的智力优势》章节等内容就是沿着创造性思维链写就的。研究表明，创造性思维链是女性人才学创建成功的内在机理。

（三）组建研究联盟是女性人才学创建成功的力量所在

女性人才学是女性学与人才学的交叉学科，是一门以社会科学为主的跨学科的综合学科，社会性、综合性是女性人才学的学科属性。研究涉及社会科学、人体科学和自然科学，因而仅靠人才学或女性学单一学科力量是很难达到研究目标的，必须建立多学科研究联盟，才能有效地创建和发展女性人才学。不仅如此，研究联盟还应将理论工作者与实践工作者进行有效结合，使研究更为坚实，能够扎根于中国现实的土壤之中。我主持的"新时期中国女领导人才成长和开发研究"，就吸纳了 6 省市区的组织人事干部和妇女干部参与，没有她（他）们的支持，该项目是无法完成的。

（四）研究与学习结合是女性人才学创建成功的有效策略

一个人的知识存储是有限的，其智能结构总是有局限性。我本人是地理专业出身的，尽管多年研究人才学有一定的积累，但在女性人才学研究中深感知识缺乏。因此，笔者围绕女性人才主题，多方吸收、善于综合、自成体系，针对研究的问题，学习相关的知识，以推进研究的深入，写出研究成果。如在女性人才社会价值研究中，我学习了恩格斯的《家庭、私有制和国家的起源》、倍倍尔的《妇女与社会主义》等马列主义经典作家相关著作。又如，在女性人才的终身设计研究中，我学习了女性学、女性生理学、女性心理学等相关理论知识。再如，在女性人才保护研究中，我又学习了王淑贞的《妇产科理论与实践》以及妇女卫生、妇女保健等理论知识。实践证明，研究与学习紧密结合为女性人才学的成功创建奠定了坚实基础。

主要参考文献：

［1］叶忠海.女性人才学概论［M］.长春：北方妇女儿童出版社,1987.

［2］叶忠海.中国女领导人才成长和开发研究［M］.上海：上海科学技术文献出版社,2000.

［3］叶忠海.女性人才研究综述∥中国妇女研究年鉴（1990—1995）［M］.北京：中国妇女出版社,1997.

［4］叶忠海.大学后继续教育论［M］.上海：上海科技教育出版社,1997.

［5］叶忠海.关于开展社会科学应用研究的几点认识［M］∥华东师范大学人文社会科学应用研究纵览.上海：华东师范大学出版社,2002.

［6］杨敬东.朝着人才学的空白点开拓——读叶忠海的《女性人才学概论》［J］.中国人才,1989(3).

［7］曲雯.做女性人才宝库的基石［J］.妇女研究,1991(3).

［8］董辅文.造就一代新型女性人才［J］.长春日报,1988-03-24.

（本文系受中华女子学院之邀所写的回忆稿,形成于 2022 年 1 月,已于 2023 年 3 月 30 日发表于上海的《组织人事报》第 9 版。）

人才理念和人才规律

02

论科学人才观

2003 年 12 月《中共中央　国务院关于进一步加强人才工作的决定》（以下简称《人才工作决定》）中正式提出"科学的人才观"。这是应对全球日益激烈的综合国力竞争的战略选择，是实现全面建设小康社会宏伟目标的迫切需要，是实施人才强国战略的内在要求。科学人才观，是实施人才强国战略必须坚持和贯彻的重大战略思想、指导方针和科学依据。本文仅对科学人才观的理论基础、深刻内涵、科学运用等基本问题作一概论。

一、科学人才观的理论基础

（一）理论基础之一：马克思主义人才论

19 世纪，为适应无产阶级斗争需要，马克思主义人才思想应运而生，并随着革命和建设的发展而不断发展，继而得到了列宁、普列汉诺夫、斯大林、毛泽东等无产阶级革命家的继承和发展。马克思主义人才思想有着十分丰富而深刻的内容，是马克思主义理论宝库的重要组成部分。其主要由人才本质论、人才价值论、人才成长论（包括人才发生和发展论）、人才开发论等部分组成。

1. 人才本质论

人才是劳动生活环境的产物。劳动生活环境培养了劳动者优良的政治素质、组织能力和生产技能等，所以劳动者中的人才是极其广泛的。列宁于 1922 年 2 月给财政委员部的信中对人才作了高度概括："人才——

精明强干的人"①,"在人民中间是无穷无尽的"②。马克思主义人才思想不仅认为人才具有广泛性,而且还认为人才具有社会历史性。人才,受一定的社会关系制约,是一定社会历史条件的产物,具有该历史时代的印记。马克思曾指出:"人们自己创造自己的历史,但是他们并不是随心所欲地创造,并不是在他们自己选定的条件下创造,而是在直接碰到的、既定的、从过去继承下来的条件下创造。"③

2. 人才价值论

无产阶级革命家历来主张人才作用的唯物史观,主要观点包括:第一,人才对社会历史发展具有推动作用。他们认为,"历史必然性的思想也丝毫不损害个人在历史上的作用,因为全部历史正是由那些无疑是活动家的个人的行动构成的④。"斯大林曾深刻指出,人才、干部是世界上所有一切宝贵资本中最宝贵、最有决定意义的资本。第二,人才的历史作用受到社会历史进程的一般趋势所制约。人才只有在一定社会历史条件赋予的历史任务范围内才能发挥自己推进社会发展的作用。具体而言,应符合三个条件:必须顺应历史发展的一般趋势;必须正确认识和对待客观条件;必须按照人民群众的意志办事。第三,人才历史作用表现为多样化的途径和形式。第四,人才历史作用具有历史和阶级的局限性。

3. 人才成长论

无产阶级革命家关于人才成长的基本观点为:第一,时势造就论。马克思曾指出:"如爱尔维修所说的,每一个社会时代都需要有自己的伟大人物,如果没有这样的人物,它就要创造出这样的人物来。"⑤研究表明,任何杰出人才,都是一定的社会需要和社会条件综合作用的结果;伟大的革命斗争造就伟大的人才。第二,民众孕育论。人才的才能和智慧是群众集体智慧的结晶;群众社会实践的客观要求是人才产生和发展的动力。

---

① 列宁. 列宁全集(第 35 卷)[M]. 北京:人民出版社,1959:552.
② 列宁. 列宁选集(第 3 卷)[M]. 北京:人民出版社,1972:392.
③ 马克思,恩格斯. 马克思恩格斯选集(第 1 卷)[M]. 北京:人民出版社,1972:603.
④ 列宁. 列宁选集(第 1 卷)[M]. 北京:人民出版社,1972:26.
⑤ 马克思,恩格斯. 马克思恩格斯选集(第 1 卷)[M]. 北京:人民出版社,1972:450.

第三，实践成才论。人才成长取决于人才主体的社会实践；不同类型的人才需要不同实践的造就。这正如毛泽东在《实践论》中精辟分析的那样："马克思、恩格斯、列宁、斯大林之所以能够作出他们的理论，除了他们的天才条件之外，主要是他们亲自参加了当时的阶级斗争和科学实验的实践，没有这后一个条件，任何天才也是不能成功的。"①

4. 人才开发论

无产阶级革命家关于人才开发的基本观点主要体现在：第一，开发目标：全面发展的新人；第二，选好人才：革命和建设成败的关键；第三，使用人才：量才录用，才尽其用；第四，爱护人才：像爱护眼珠一样；第五，开发战略：大胆提拔年轻的新人，等等。

（二）理论基础之二：科学发展观

科学发展观，是马克思主义关于发展的世界观和方法论的集中体现，是发展中国特色社会主义必须坚持和贯彻的重大战略思想。推进社会主义现代化建设，应以科学发展观为指导方针，人才建设也不例外。科学人才观，是科学发展观在人才和人才发展领域内的集中体现和深化。科学发展观，显然是科学人才观的理论基础。

首先，科学发展观的核心是"以人为本"。"以人为本"包含着人是发展的根本目的思想，人是发展的主体和根本动力思想，人是发展的尺度思想，以及发展的成果惠及人民的思想。从人是发展目的而言，这就要求人才开发活动不仅应以推动社会的科学发展为价值取向，而且应以促进人才的科学发展为最终价值取向。从人是发展主体而言，这就要求人才开发活动充分肯定人才在人才开发活动中的主体地位，充分发挥人才主体的能动作用，并应自始至终将人才的主体性需要作为人才开发活动的基本依据。从人是发展尺度而言，这就要求人才开发活动的最基本评价主体是广大人才，应以他们的知晓度、认同度、参与度、发展度、满意度作为衡量人才开发活动成效的最基本尺度。总之，以人才为本位，是人才开发

① 毛泽东. 毛泽东选集（第1卷）[M]. 北京：人民出版社，1952：264.

活动的出发点和落脚点。我们应把"人才开发为了人才,人才开发依靠人才,人才开发应由人才评价,人才开发成果应由人才共享"等理念融化于脑海中,落实于行动中。

其次,科学发展观的基本要求是全面协调可持续发展。这就要求形成人才素质的诸要素的协调发展;组成人才群体结构的诸亚结构协调发展;人才开发过程诸环节的整体协调;人才系统与外部环境的协调发展。

最后,科学发展观的根本方法是统筹兼顾。这就要求统筹兼顾不同民族、不同区域、不同产业(行业)、不同类别人才的开发,以达到社会人才总体的整体性发展。

二、科学人才观的深刻内涵

科学人才观,是马克思主义关于人才和人才发展的世界观和方法论,是新时期人才发展的新理念、新理论的高度科学概括,具有丰富而深刻的内涵。归纳起来,其主要由人才标准观、人才价值观、人才成长发展观、人才开发观等部分构成。

(一)人才标准观

1. 人才概念

《国家中长期人才发展规划纲要(2010—2020年)》(以下简称《人才规划纲要》)将人才界定为"具有一定的专业知识或专业技能,进行创造性劳动对社会作出贡献的人,是人力资源中能力和素质较高的劳动者"。该定义继承和发展了马克思主义关于人才广泛性的思想,吸纳了中国人才学界的研究成果,体现了"三性""四个不唯"。"三性"是指:人才范围的广泛性,强调"专业知识或专门技能";人才劳动性质的创造性,强调"创造性劳动";人才劳动方向的进步性,强调"贡献"。"四个不唯"是指"不唯学历、不唯职称、不唯资历、不唯身份"。据此,中央提出"鼓励人人都作贡献,人人都能成才"。在庆祝中国共产党成立九十周年大会上,胡锦涛同志再次强调:"牢固树立人人皆可成才的观念"①。

2. 人才政治标准

德才兼备,又红又专,是我们党长期奉行的人才政策。"文革"后,邓小平同志总结了过去的经验教训,从社会主义现代化建设的伟业要求出发,对人才政治标准作了创造性的阐明,提出了"三为标准":"为人民造福,为发展生产力,为社会主义事业作出积极贡献,这就是主要的政治标准。"②对此,胡锦涛同志也提出"三个有用"观点,他提出"使每个人都成为对祖国、对人民、对民族有用的人才"③。

3. 人才具体衡量标准

《人才工作决定》指出,"要坚持德才兼备,把品德、知识、能力和业绩作为衡量人才的主要标准"。很显然,对人才评价要克服重学历、资历,轻能力、业绩的倾向,建立以德为先,以能力和业绩为导向的人才评价体系。

(二) 人才价值观

1. 第一资源论

1988 年,邓小平同志在会见捷克斯洛伐克总统胡萨克时说:"马克思说过,科学技术是生产力,事实证明这话讲得很对。依我看,科学技术是第一生产力。"④之后,江泽民同志继承和发展了"科学技术是第一生产力"的观点,于 2001 年 8 月在北戴河同国防和社会科学专家座谈时指出,"要更新人才工作的思想观念。做好人才工作,首先要确立人才资源是第一资源的思想"。⑤ 2003 年,胡锦涛同志在全国人才工作会议上再次强调:"要牢固树立人才资源是第一资源的观念;充分发挥人才资源开发在经济社会发展中的战略性、基础性、决定性作用。"⑥人类社会发展史表明,人类

---

① 胡锦涛. 胡锦涛文选(第 3 卷)[M].北京:人民出版社,2016:530.
② 邓小平. 邓小平文选(第 2 卷)[M].北京:人民出版社,1994:141.
③ 胡锦涛. 胡锦涛文选(第 3 卷)[M].北京:人民出版社,2016:530.
④ 中共中央文献研究室. 邓小平思想年谱[M].北京:中央文献出版社,1998:409.
⑤ 中共中央组织部,人事部. 毛泽东、邓小平、江泽民论人才[M].北京:党建读物出版社,2003:4.
⑥ 胡锦涛. 胡锦涛文选(第 2 卷)[M].北京:人民出版社,2016:123.

社会发展取决于生产力发展水平，人是生产力中最活跃、起决定作用的要素，人才又是人力资源中比较先进的部分，因而人才是生产力中最主要的决定性因素，人才资源是第一资源。此外，人才在经济活动中处于中心地位，起主导作用，并是唯一具有创造性作用的要素，经济活动中其他要素均受人的要素启动、运作和掌握。特别是在当今世界综合国力竞争中，人才越来越具有决定性意义，是国家发展的战略资源。据此，《人才规划纲要》又重申，"人才是我国经济社会发展的第一资源"，"已成为最重要的战略资源"。"第一资源"论，是确立人才资源在经济社会发展中的优先地位，制定人才强国战略的基本立足点。

2. "四个尊重"论

邓小平同志在"文革"后复出工作直至逝世的整个时期，曾反复强调"尊重知识，尊重人才"。这是基于其对知识分子的基本认识：知识分子是工人阶级的一部分，是先进生产力的开拓者，是人民群众的先进分子。江泽民同志继承和发展了邓小平同志的"两个尊重"的思想，在2002年党的十六大政治报告中明确提出"四个尊重"："必须尊重劳动、尊重知识、尊重人才、尊重创造，这要作为党和国家的一项重大方针在全社会认真贯彻。""四个尊重"的理念，把劳动、知识、人才、创造联结成统一的整体，有其内在的认识逻辑。其中，"劳动"是前提，"创造"是核心，"知识"是"劳动""创造"的结晶，"人才"是"知识"的载体，也是"创造"的关键。"四个尊重"论，是实施人才强国战略的思想基础和重大方针。

（三）人才成长发展观

1. 规律制约论

江泽民同志曾明确指出："任何事物的产生和发展，都有其规律性，不论其发展的进程中如何，最终都不可能摆脱客观规律。"又说："任何客观规律都是在历史的具体演进中逐渐地、愈来愈深刻地发生作用的。"[①]研究表明，人才成长和发展也不例外。人才结构规律，从根本上制约着人才功

---

① 江泽民.江泽民文选（第3卷）[M].北京：人民出版社，2006：80-81.

能发挥,从而制约着人才成长和发展;人才成长和发展规律,从根本上左右着人才成长和发展,从而规定着人才开发实践活动。要科学而有效地开发人才,就要符合人才成长和发展的规律。

2. 实践成才论

科学人才观继承了马克思主义关于实践出人才的思想,强调社会实践在人才成长中最为重要。江泽民同志曾明确指出:"人才成长最终要在社会的伟大实践和自身的不断努力中来实现。""古往今来,各种人才,尤其是政治人才,大都是从社会基层开始,经过十分艰苦的环境的考验而成长起来、脱颖而出的。这也可以说是人才成长的一般规律。"①人才成长和发展基本原理表明,创造性实践在人才成长和发展中具有中介、源泉、定向、检验等作用,归根结底起着决定性作用,具有第一位意义。

3. 内外因合力论

江泽民同志于 2000 年 2 月在《关于教育问题的谈话》中指出:"中青年领导干部的健康成长,自身努力是内因,党组织培养是外因,内因与外因要紧密结合。"②研究表明,以创造实践为中介的、内外诸因素相互作用综合效应,是人才成长和发展的基本原理。

(四) 人才开发观

1. 人才开发目的:服务发展

《人才规划纲要》指出:"把服务科学发展作为人才工作的根本出发点和落脚点。"服务发展,是指服务经济社会发展和服务人的全面发展,也正如《人才规划纲要》阐明的那样:"促进经济社会和人的全面发展。"

2. 人才开发方向:"三个面向"

邓小平同志于 1983 年为景山学校题词:"教育要面向现代化,面向世

---

① 中共中央组织部、人事部. 毛泽东、邓小平、江泽民论人才[M]. 北京:党建读物出版社. 2003:61-62.

② 中共中央组织部、人事部. 毛泽东、邓小平、江泽民论人才[M]. 北京:党建读物出版社,2003:163.

界,面向未来。"这不仅是教育改革和发展的方向,也是人才开发的方向。面向现代化,指人才开发要面向社会主义现代化建设;面向世界,指人才开发要面向世界经济、科技和文化教育的发展水平;面向未来,指人才开发要面向未来社会发展趋势及其对人才培养的要求。

3. 人才开发战略:人才优先

人才优先发展的战略布局包括人才资源优先开发;人才结构优先调整;人才投资优先保证;人才制度优先创新。其理论依据包括:第一,人才的第一资源属性和战略地位决定着人才必须优先发展;第二,人力资本投资效益大于物力资本投资效益,也要求人才优先发展;第三,人才优先发展是符合我国国情的战略选择;第四,人才优先发展是发达国家经济科技发展的有效经验。人才优先发展是《人才规划纲要》的核心思想和内容,是人才发展战略的重要内容。

4. 人才开发原则:遵循规律

21 世纪初 10 年,党和国家反复强调人才工作必须遵循规律。《人才工作决定》明确指出:"遵循人才资源开发规律,坚持市场配置人才资源的改革取向。"又指出:"针对各类人才的不同特点和成长规律,创新人才工作理论、体制和方法。"之后,《人才规划纲要》的指导方针再次指出:"遵循社会主义市场经济规律和人才成长规律,加快人才成长体制机制改革和政策创新。"遵循人才规律,是人才成长发展受规律制约性的根本要求,是"以人为本"思想在人才工作领域的体现,也是制定人才发展战略举措和人才工作的科学依据。

5. 人才开发核心:以用为本

以用为本的科学内涵包括:把充分发挥各类人才作用作为人才工作的根本任务;围绕用好、用活人才来培养人才、引进人才;积极为各类人才创业和实现价值提供机会和条件。以用为本是对人才成长和发展原理和规律的科学理解和自觉运用。这是因为创造实践在人才成长和发展中具有决定性作用,要求以用为本;人才成长和发展基本规律——有效的创造实践成才律也要求"以用为本"。不仅如此,以用为本是以人为本的科学发展观在人才工作领域的深化和落实。科学发展以人为本,人才发展以用为本。以用为本,为人才创造实践提供舞台和机会,而创造实践正是人才成长和发展的根本途径和价值实现的必由之路。

6. 人才开发关键:创新机制

机制,是指事物内部的依赖制约关系和运行系统。人才发展机制,狭义是指人才发展内部的运行关系。在这里,创新机制主要是指建构与社会主义市场经济体制相适应的、符合人才成长和发展规律的、有利于科学发展的人才发展体制机制。它是推动人才发展的强大动力,可最大限度地激发人才的创造活力。

7. 人才开发策略(1):高端引领

高端引领是指充分发挥各类高端人才在经济社会发展和人才队伍建设中的引领作用。所谓高端人才,是指对社会某领域某方面的发展作出卓越贡献,并处于领先地位,正在发挥引领和带头作用的高层次人才群体。高端引领是人才队伍建设的战略重点。人类社会文明史表明,高端人才在各自领域,以不同的途径和形式引领着社会历史发展。就人才队伍建设而言,高端人才在其中起着标杆榜样、成长示范效应、晶核凝聚等不可替代的主心骨作用。何况,面对当前我国高端人才严重不足的现状,尤为需要实施这样的战略。

8. 人才开发策略(2):整体开发

这是科学发展观在人才开发策略中的具体体现,是人才系统开发整体相关性的要求、实现人才资源整体效益优化的现实需要,也是对我国历史上进步的人才开发思想的批判继承。从系统论的范畴(系统与要素、结构与功能、过程与状态、系统与环境等角度)加以思考,整体开发包括:人才个体素质的整体开发;人才群体结构的整体开发;人才动态开发过程的整体开发;人才系统与外部环境的整体开发。

9. 人才开发重点:青年英才

这是对马克思主义人才开发思想的继承和发展。我国历任领导人对培养造就青年英才高度重视,并有大量论述。胡锦涛同志在第二次全国人才工作会议上就特别强调:"青年是祖国的未来、事业的希望。要把培养造就青年人才作为人才队伍建设的一项重要战略任务。"①2010 年发布的《人才规划纲要》提出的十二项重大人才工程中第二项即为"青年英才开发计划"。

三、以科学人才观为指导推进人才工作

(一) 学思行结合,牢固树立和积极落实科学人才观

第一,认真学习,深刻领会科学人才观,将科学人才观融于人才工作者的脑海之中;

第二,以科学人才观为思想武器,总结反思以往工作,发扬成绩,改进不足;

第三,将科学人才观渗透于人才工作的各领域、各方面,促进人才工作进一步科学化。

(二) 遵循人才成长和发展规律,实施人才科学开发

第一,把握"有效的创造实践成才律",实施"重在实践的用人方略"。该方略的实施,可从如下方面着力:① 引导成才主体掌握和利用成才规律,积极而有效地参与实践;② 给予创造主体一定的创造实践自主权;③ 努力营造尊重人才、鼓励创新、信任理解的良好环境;④ 以创造实践成果为主要标准,改革考评和奖励的制度和方法。

第二,把握"人才过程转化规律",实施"系统连续的用人方略"。该方略的实施可从如下方面努力:① 坚持以人才过程原理指导人才科学开发;② 坚持人才开发动态过程的整体性开发;③ 高度重视员工的生涯设计;④ 造就高层次人才和转换人才类型要强化"过程意识"。

第三,把握"内外因合力效应成才律",实施"内外整体开发的用人方略"。该方略的实施,可从如下方面努力:① 进一步强化"合力效应"的理念;② 实施人才个体与组织共同发展的人才调控策略;③ 综合运用多元

---

① 胡锦涛. 胡锦涛文选(第 3 卷)[M].北京:人民出版社,2016:389.

激励手段,实施激发人才的"内动力开发机制"。

第四,把握"最佳年龄成才律",实施"最佳期用人方略"。该方略是指在人才具备基本素质的前提下,及时在人才创造最佳年龄内予以重用,充分发挥和发展人才的创造优势,从而使人才高效地实现创造目标的策略。实施该用人方略,可从如下方面着力:① 形成最佳期起用人才的社会舆论氛围;② 要研究和掌握各类人才创造的最佳年龄;③ 建立选拔最佳期人才的科学模式;④ 制定并实施向最佳期人才倾斜的政策;⑤ 切忌"一刀切",注意考虑不影响人才群体结构的优化。

(三) 坚持"人才优先"指导方针,确立人才优化发展的战略布局

第一,人才资源优先开发。制定区域发展规划时,应确立人才优先发展的战略地位;实施区域发展规划时,应保证人才资源优先开发;督查评估区域发展规划时,应把人才开发工作督查评估放在优先位置。

第二,人才结构优先调整。在加快转变经济发展方式,全面建设小康社会过程中,实施人才结构优先调整,主要包括人才能级结构优先调整、人才专业结构优先调整、人才类别结构优先调整、人才地区结构优先调整等。

第三,人才投资优先保证。首先,政府优先保证对人才发展的投入,确保教育、科技支出增长幅度高于财政经常性投入增长幅度;在重大建设和科研项目经费中,安排部分经费用于人才培训等等。

第四,人才制度优先创新。就人才工作管理体制创新而言,应完善党管人才的领导体制,加强人才工作法规建设,建立各种人才工作制度,探索建立与国际人才管理体系接轨的人才特区。

(四) 坚持"以用为本"指导方针,在使用中开发人才

第一,实施"最佳期用人方略",做到"用当其时"。该问题前文已有论述,这里不再重复。

第二,实施"能质能级对应用人方略",做到"用当其位"。能质,是指人才能力的专业类型;能级,是指人才能力的层次水平。能质能级对应用

人方略,是指用人时应考虑人才拥有的能质能级与职位所需要的能质能级相适应。该方略又称"适才适位用人方略"。实施该方略,应首先考虑人才与职位的能质是否对应,决定其是否使用;在能质对应决定使用前提下,再考虑能级对应,安排人才适当层次工作。

第三,实施"优势定位用人方略",做到"用当其才"。该方略是指在选用人才时,根据选拔对象的素质优势和智能专长,安排其适合的工作岗位并分配其适宜的工作任务,帮助人才规避短板,发挥优势。为有效地实施该方略,需要细心考察人才的长短处;指导人才主体认清自己的长处,找准个人与社会的最佳结合点;正确对待人才的短处;及时地动态调节。

(五)坚持"创新机制"指导方针,激发人才的创造活力

第一,创新人才培养开发机制。目标:突出培养创新型人才,注重培养应用型人才。就前者而言,应建立产学研合作培养创新型人才新体制、中外合作培养人才新体制;就后者而言,应探索合力式、实践式、探究式、衔接式、开放式、特殊式等人才培养模式。

第二,创新人才评价发现机制。目标:建立以岗位职责要求为基础,以品德、能力和业绩为导向,科学化、社会化的人才评价发现机制。从人才哲学视角分析,人才考评主要考"三态":持有态——人才持有素质的状态;发挥态——人才持有素质发挥的状态;转化态——人才素质发挥后转化为成效的状态。据此,人才考评指标体系,应相应建立素质指标系统、尽职指标系统、绩效指标系统。当前,尤为需要的是探索以有利于创新型人才涌现为导向的人才评价体系,即建立以"创新素质——创造实践——创新成果"为主线的人才评价指标体系。有条件的地区还应探索以有利于国际化人才涌现为导向的人才评价体系。

第三,创新人才选拔任用机制。目标:形成有利于各类人才脱颖而出,充分施展才能的选人用人机制。为此,特别强调要树立"不拘一格选人才"的理念,并形成长效机制和案例库。同时,个体人才的选用,不仅要考虑人才个体的优秀,还要考虑人才群体结构的优化。关于人才群体结

构优化,笔者曾指出,在组建人才群体时,应把握下列四点:① 防止"核心低能",应"高能为核";② 防止"方向相悖",应"方向整合一致";③ 防止"同型相斥",应"异质互补";④ 防止"同层相抵",应"异层组合"。

第四,创新人才流动配置机制。目标:建立政府部门宏观调控,市场主体公平竞争,中介机构提供服务,人才自主择业的人才流动配置机制。当前,要进一步调查研究和破除人才流动的各种障碍,包括产业趋同的结构障碍、各自为政的体制障碍、各自为准的制度障碍、区域信息网络化程度差异的沟通障碍、区域发展不平衡所带来的防护心理障碍等,有针对性地采取举措,研究和加快区域人才开发一体化进程。

第五,创新人才激励保障机制。目标:建立健全与工作业绩紧密相连,充分体现人才价值,有利于激发人才活力和维护人才合法权益的积极保障机制。当前,要进一步健全适应社会主义市场经济体系的创新型科技人才激励机制,包括建立和完善与自主创新成果价值相对应的分配机制;建立产权激励制度,制定知识、技术、管理等生产要素按贡献参与分配的办法等。

(六)坚持"高端引领"指导方针,带动人才队伍发展

第一,要培养造就高层次领军人才。其基本思路:一是科学理解高层次领军人才;二是把握高层次领军人才成长特征,包括内在素质特点、外部支撑要素;三是打造高层次领军人才创造实践舞台,提供发展空间、创造实践机会、自主控制权、必要支撑条件等;四是形成高层次领军人才创造实践的宽容和保护机制;五是分析、掌握和实施适合高层次领军人才的激励机制;六是建立和健全适合高层次领军人才特点的智能更新制度;七是完善高层次领军人才的健康保障体系。

第二,要积极探索高层次领军人才引领队伍发展的多样化模式。例如,研究项目式引领、研修指导式引领、组建创新团队式引领、成果展示式引领、评审鉴定式引领、个别导师式引领等等。

(七)坚持"整体开发"指导方针,实现人才协调发展

第一,把握人才个体及其素质的整体性开发。包括构成个体人才素

质诸要素(德、识、才、学、体)之间的整体性开发;人才个体之间的整体性开发。

第二,把握人才群体结构的整体性开发。包括组成人才群体结构的性别、年龄、能级、专业等诸亚结构以及它们之间的整体性开发。

第三,把握人才社会结构的整体性开发。包括组成人才社会结构的地区、民族、所有制、类别等诸亚结构以及它们之间的整体性开发。

第四,把握人才动态开发过程的整体性开发。其主要是指人才开发过程诸环节(预测规划、教育培训、考核评价、选用配置、使用激励)之间的整体性开发,特别是育人与用人一体化。实践证明,要实现育人与用人一体化,必须做到思想上取得共识,组织提供保证,政策上相互配套,人员上提高素质。

第五,把握人才系统与外部环境的整体性开发。在一个区域范围内,人才开发与经济开发应相互对应,包括人才开发的数量应与经济发展的规模相对应、人才开发的能级结构应与经济开发的技术构成相适应、人才开发的专业结构应与经济变革的产业行业结构相协调、人才资源的空间布局应与经济开发地域过程相一致。

主要依据文献:

[1] 胡锦涛. 高举中国特色社会主义伟大旗帜,为夺取全面建设小康社会新胜利而奋斗[M]. 北京:人民出版社,2007.

[2] 胡锦涛. 在庆祝中国共产党成立九十周年大会上讲话[M]. 北京:人民出版社,2011.

[3] 国家中长期人才发展规划纲要(2010—2020)[M]. 北京:人民出版社,2010.

[4] 中共中央 国务院关于进一步加强人才工作的决定[M]. 北京:人民出版社,2004.

[5] 中共中央组织部,人事部. 毛泽东邓小平江泽民论人才[M]. 北京:党建读物出版社,2003.

主要参考文献：

［1］叶忠海. 人才思想史考略［M］//叶忠海人才文选. 北京：高等教育出版社，2009.

［2］叶忠海. 人才学基本原理研究［M］//叶忠海人才文选. 北京：高等教育出版社，2009.

［3］徐颂陶. 中国特色人才理论新探索［M］. 北京：中国人事出版社，2007.

（本文曾发表于《人事天地》，2012 年 5、6 月号。）

人才异化研究的思考和启示

随着我国反腐败斗争的深入发展,贪腐官员纷纷落马。这种令人震惊的人才异化现象,值得人才学界及其他学术领域深思和研究。通过研究人才异化现象,揭示其规律性,寻求防止人才异化的路径和策略,以利于我国建设一支强大的素质优良、结构合理的人才队伍,支撑中华民族伟大复兴中国梦的实现。

一、人才异化及其研究的时代价值

(一) 异化和人才异化

"异化"的概念源自拉丁文(alienatio),含有转让、疏远、脱离等含义。黑格尔哲学让异化的概念获得了深刻的含义和内容。在黑格尔看来,人的本质的一切异化都"不过是自我意识的异化"。他在《精神现象学》上卷中就指出,异化是精神"分裂为二的过程或树立对立面的双重化过程"。

马克思吸取了黑格尔异化观点的合理因素,但没有仅仅停留在意识形态异化的认识上。在马克思看来,意识范围的异化不是唯一的,甚至也不是异化的主要形式。他在《1844 年经济学哲学手稿》中提出异化劳动思想,把异化从纯理论范围转移到实践领域。不仅如此,该书指出:"异化不仅表现在结果上,而且表现在生产行为中,表现在生产活动本身之中。"马克思认为,异化劳动本质主要不在于"物的异化",即生产结果异化,而主要在于生产过程中劳动者与生产活动的异化关系,即在于"自我异化"。劳动异化的不是物,而是"工人自己的体力和智力,他个人的生命……,就是不依赖他、不属于他、转过来反对他自身的活动。"那么,劳动及其产品,不属于劳动者,属于谁呢? 马克思指出,"劳动和劳动产品所归属的那个异己的存在物","不是神也不是自然界,只有人本身才能成为统治人的异己力量。"这种力量"就驱使着人,而不是人驾驭着这种力量"。人遭到异己力量奴役后,人的个性就只能片面和畸形地发展。可见,在马克思看来,劳动异化是一种社会历史现象,是人的劳动生产及其产品变成异己力量,反过来统治人的社会历史现象。它产生的直接原因是社会分工,其得以实现则是私有制的确立。马克思所说的异化及异化劳动理论,主要阐明人类社会历史,揭示资本主义社会的阶级对立关系,批判当时资本主义制度。

总之,鉴于马克思所处的时代,所谓异化,是指主体在发展过程中,由于人的自身活动而外化出一种外在的对立面——异己力量,反过来反对主体本身的过程。之后,对于"异化"这个概念,马克思又在《资本论》中加以使用,其异化劳动理论也得到深化和发展。现今,异化作为一种特定的概念,在伦理学、文学、艺术学等哲学、人文社会科学领域中加以衍生使用。当前,我国与马克思所处社会环境有着本质的不同。"异化"一词运用到人才学领域,从人才哲学视角而言,人才异化是指人才在成长和发展过程中,在一定条件下,人才的意识和活动外化出外在的、反对人才主体的异己力量,以致人才转向反面的变异过程。简言之,人才异化即人才本质力量的异化,是指在一定条件下人才转向反面的变异过程。

(二) 人才异化研究的价值

研究和防止人才异化,是服务党和国家发展大局的客观要求。"四个全面"(全面建设社会主义现代化国家、全面深化改革、全面依法治国、全面从严治党),助力中华民族伟大复兴中国梦的实现。高素质专业化的人才队伍是贯彻落实"四个全面"的支撑力量,要使这支队伍健康成长和发展,就要排除在创造实践活动中可能形成的异化条件,防止人才异化。

研究和防止人才异化,是贯彻落实《人才规划纲要》的迫切需要。我国人才发展总体目标,是要确立国家人才竞争比较优势,进入世界人才强国行列,为在 21 世纪中叶基本实现社会主义现代化奠定人才基础。很显然,研究和防止人才异化,是我国实施人才强国战略,实现人才发展战略目标的紧迫要求。

研究和防止人才异化,是深化和完善人才学理论体系的内在要求。30 余年来,人才学研究乃至人才哲学的研究,只提人才转化,并认为有正向转化,也有负向转化,还有曲折转化。至于人才负向转化,没有具体展开,也没有深入研究。研究人才规律,只是研究正向的人才成长和发展规律,而对于负向的人才异化规律研究就很少触及,基本上处于空白状态。当前,研究人才异化现象,揭示人才异化规律,是研究人才过程转化规律的重要内容和完整体现,可丰富和充实人才学理论体系和基本内容。

研究和防止人才异化,是人才健康成长和发展的自身需要。通过人才异化研究,认清人才异化形成的内在因素和外部条件,这显然能够为个体人才成长和发展带来启发,有利于人才个体把握人生道路的发展方向,提升对人生道路的自主驾驭能力。

二、人才异化研究的初步思考

(一) 人才异化的基本问题研究

人才异化研究包括对人才异化的内涵、类型、特征、表现、作用等基本问题的研究。在这里,仅就人才异化类型而言,不同视角可划分不同的类型。从被异化对象来看,可分为个体型人才异化、群体型人才异化、行业型人才异化、区域型人才异化等。从异化领域来看,又可分为政治类人才异化、思想意识类人才异化、道德类人才异化、经济类人才异化等。从异化范围来看,还可分为综合型人才异化、单一型人才异化等。每一类异化所表现的特征和行为、所起的作用不尽相同,然而均是对社会或社会某领域发展起着负向的作用。人才异化事实也证明,各类人才异化往往相互联系,甚至是连锁交叉的;我们不能机械割裂地研究某一类人才异化现象。

（二）人才异化过程及其内在机理研究

正如前述，人才异化是一个转向反面的变异过程，总有发生、形成、发展等基本阶段。其中，在发生阶段，人才由正常发展转向人才负向变异的转折点（节点）是什么？起质的变异作用的异化力量又是什么？这些问题需要通过对不同类型人才异化典型案件加以剖析，寻求其中的结论。

从人才异化形成的内在机理来分析，人才异化是综合效应的结果，即以人才的实践活动为中介的内外相关因素相互作用的综合效应的产物。其中，以人才内在因素——内部潜伏的"病毒"为根本，人才外部刺激因素为条件。相对于外部因素而言，人才内部因素对人才异化的作用是第一位的。具体而言，外部刺激因素主要有：一是国内外敌对势力施展各种手段的破坏作用，如利用互联网进行"西化""分化"的图谋；大肆宣扬历史虚无主义，攻击、丑化、污蔑党和国家领导人，乃至通过间谍进行策反活动等；二是形形色色的非（反）马克思主义的社会思潮的影响，如西方的价值观念和政治模式的影响，极左和封建的教条主义影响等；三是资产阶级腐朽思想和生活方式的腐蚀，大量的金钱、美色的引诱腐蚀等；四是山头主义、帮派主义等。人才主体内部潜伏的"病毒"主要有：享乐主义的人生观；权力至上、名利至上的价值观；虚无主义的历史观等。这些潜伏的"病毒"，一旦有外部相应的刺激就会活跃起来，形成自身的异己力量。具有权力至上、名利至上价值观的人，就经不住权力、名利的引诱；具有虚无主义历史观的人，就经不住国内外敌对势力的历史虚无主义的攻击；具有享乐主义人生观的人，就经不起资产阶级腐朽思想和生活方式的腐蚀。就后者来说，一旦人才被金钱、美色腐蚀异化后，就确认为人的吃、喝、性的行为是自己本质的活动，以致跌落到动物性水平，动物性成为人才的本性，人才的本质乃至人的尊严就荡然无存了。

（三）防止人才异化的路径和对策研究

鉴于当前世情、国情继续发生深刻变化，各种思想文化交流、交融、交锋更加频繁，又基于人才异化形成的因素涉及主客体多方面，人才异化也是多类型、多层次的，因而应采取多路径、"多力合一"的防御机制和对策，各主体应齐心合力防止人才异化。

就政府职责和举措而言，一要制定法规政策，把权力关进法律和制度的笼子里。二要让民众有更广泛的参政议政权和监督权。形成上级巡视督查、群众参与举报、媒体舆论监督相结合的反腐监察大网。三是加强网络思想理论传播阵地建设。当今互联网已处于意识形态领域斗争的最前沿、舆论交锋的最前沿、社会思想热点的最前沿，应积极、主动、创造性地让马克思主义特别是中国化马克思主义最新成果占领网络阵地，对各种社会思潮及时给予评析和引导，对反马克思主义的思想观点予以坚决回击。建立和完善法律规范、行政监督、行业自律、技术保障相结合的管理体系等。

就单位组织职责和举措而言，一要开展理想信念教育，即在员工中开展世界观、人生观、价值观的"三观"教育，引导员工正确认识人生的目的、正确对待社会、正确选择人生道路。二要建立和完善防异化的各项长效机制，包括严格的财务制度、科学的科研制度、有效的奖惩制度等。

三、人才异化研究对人才自身发展的启示

（一）加强哲学素养，牢固树立马克思主义世界观、人生观和价值观

这是人才防异化，提升人生道路自主驾驭能力的思想基础。人才要有理想信仰，即要有精神上的"钙"，没有或缺少精神上的"钙"，就会得"软骨病"，抵不住各种病菌的侵入。为此，要加强马克思主义哲学素养，以辩证唯物主义和历史唯物主义武装头脑，指导自身人生道路的选择。

（二）加强史学素养，坚定中国特色社会主义的"道路自信、理论自信、制度自信、文化自信"

这是人才防异化，提升人生道路自主驾驭能力的认知基础。人才要学习中共党史、中国近现代史和社会主义发展史，认清中国独特的文化传统、独特的历史使命、独特的基本国情。这"三个独特"决定了我国要走中国特色的发展道路。警惕国内外敌对势力利用互联网等各种手段进行

"西化""分化"的图谋,不要成为这股势力的"俘虏"和"代言人"。

（三）加强品德素养,培育与践行社会主义道德品行

这是人才防异化,提升人生道路自主驾驭能力的道德基础。道德品行,是个体融入社会的"通行证",实现社会化的主要标志,也是人才的立身之本、发展之基。人才要在各自领域创造实践中修炼品行,健全人格。特别要加强科研道德的修养,切忌抄袭、造假行为,避免成为"科研窃盗"和"科研骗子",落到身败名裂的地步。

（四）制定生涯规划,把握好人生道路上的"转折点"和"关口"

这是人才防异化,提升人生道路自主驾驭能力的实践基础和环节。立志于服务祖国和社会的人才,应立足于现实,善于在个人特长兴趣与国家社会需要的最佳结合点上确定自身发展方向,制定生涯规划。一步一个脚印,在服务人民的社会实践中发展自己。坚信三百六十行,行行出状元。干一行、爱一行、钻一行、精一行,持之以恒,必有成效。在遇到困难挫折时,切忌妄自菲薄,半途而废,多想想自己的优势和周围有利条件,胜利属于自信、意志坚强、坚忍不拔的人。在获得成就荣誉时,切忌忘乎所以,要低调做人。要有感恩之心,多想想他人的帮助、自己的不足。在身处逆境时,不怨天、不怨人,认真反省自己,以专注投入弥补精神创伤,以实际行动和成果获得社会和组织认可,将坏事转化为好事。

总之,作为人力资源中能力和素质较高的人才,要经得起多种考验,包括市场经济考验、开放环境考验、意识形态考验、胜利与挫折考验等,提高人生道路自主驾驭能力,把握好人生发展的正确方向。

主要参考文献：

［1］马克思.1844 年经济学哲学手稿［M］//马克思恩格斯全集（第 42 卷）.北京：人民出版社,1972.

［2］中国人民大学马列主义发展史研究所.马克思恩格斯思想史［M］.上海：上海人民出版社,1982.

［3］学习习近平总书记 8.19 重要讲话［M］.北京：人民出版社，2013.

［4］袁贵仁.人的哲学［M］.北京：工人出版社，1988.

［5］叶忠海.新编人才学通论［M］.北京：党建读物出版社，2013.

（本文发表于《人事天地》2015 年 7 月号，本文作了删减。）

群体人才成长发展规律与创新团队建设方略

研究表明,人才成长发展规律从根本上左右着人才成长发展,从而规定着人才开发的实践活动。要科学而有效地开发人才,就要符合人才成长发展规律。同理,要建设创新团队,就必须以群体人才成长发展规律为依据。

一、高端引领效应律与"高能为核"的建设方略

(一)高端引领效应律的基本要点

高端引领效应律,是指在人才群体中,通过高端人才引领作用使该人才群体成长和发展,达到整体的较高水平。具体而言,高端引领效应表现在多个方面:培植团队的科研精神,把握团队的发展方向,提升团队的创新水平,形成团队的凝聚作用,产生团队的师承效应等。

高端人才是人才群体的领军人物,是人才群体的"晶核"、"灵魂"和"舵手",决定着人才群体的结构,进而决定着人才队伍的成效、发展和兴衰。因而选好高端人才,发挥其引领作用,是创新团队建设的关键和人才队伍建设的重点。要组建优质的创新团队,这就要求我们必须实施"高能为核"的建设方略。

(二)实施"高能为核"的建设方略

所谓"高能为核"的建设方略,即选择高势能人才为团队的"晶核",特

别是一把手来组建创新团队。实践证明,这是组建创新团队尤为关键的原则。对此,应把握以下要点:

第一,对象要选准。所谓"高势能人才"是指品德高尚、才能高超、个性高度相容性的人才。即把帅才放在帅位上,使其雄才大略得以施展;切忌让将才相才为帅,更不能让庸才为帅。

第二,引进竞争机制。正如前述,选拔人才需要竞争。人才经过比较才好鉴别,而竞争为人才比较创造了条件,有利于择优。当然,国有企业选择领导团队的带队人,需正确处理坚持党管干部原则与引进竞争机制的关系。党管干部原则要坚持,但方法可多元化,实践证明,两者可以有效结合。

第三,给予高端人才组建团队权。由高端人才根据实践的需要,选拔人才组建创新团队,而不是采取行政调配或组群。

第四,充分发挥高端人才的引领作用。除采取组建创新团队式引领外,还可采取研究项目式、研修指导式、成果交流展示式、评审鉴定式等引领方式。

二、互补优化效应律与"异质互补"的建设方略

(一) 互补优化效应律的基本要点

互补优化效应律是指在人才群体结构内诸要素处于互补优化状态时,则有利于人才群体成长和发展,并使该群体功能发挥达到最大值。这是系统论中结构决定功能基本原理的具体体现。在这里,人才群体结构诸要素互补优化,包括性别、年龄、层级、专业、个性等要素互补优化,从而形成人才群体整体结构及其诸亚结构优化。该规律的形成,是由于组成人才群体的要素是异质的,并能起到互补作用。这就启示我们,要组建优质的创新团队,就得实施"异质互补"的建设方略。

(二) 实施"异质互补"建设方略

所谓"异质互补"的建设方略,是指组建创新团队应考虑将不同性别、

专业背景、智能结构、个性类型的人才按一定的比例进行组建，以利于成员间心理氛围和谐，智能优势互补，发挥团队最佳功能，从而有利于出色地实现创新目标。实施该建设方略，需从下列方面加以考虑：

第一，创新团队的专业组合。这是指组建创新团队时，应考虑将不同专业背景的人才按一定比例组合，切忌专业上清一色。譬如，组建优质的管理团队，应基于"管理工作要有特殊的本领"[①]，因而管理人员专业化具有特定的含义，因而组建时切忌清一色选择科技专家。

第二，创新团队的智能互补。这是指组建创新团队时，应将不同智能类型和水平的人才按一定的比例进行组合。这对于组建科技创新团队尤为重要。这样，有利于促进团队人才之间知识互用、技能互补、能力互接，使个体的"专能"转化为群体的"多能"。

第三，创新团队的个性包含。这是指组建创新团队时，应考虑不同个性的人才互为补充和融合。就气质类型而言，以胆汁质为主的人才应与粘液质为主的人才互为补充；多血质为主的人才应与抑郁质为主的人才互为补充。

第四，创新团队的性别配比。这是指组建创新团队时，应考虑男女两性人才适当的比例，切忌性别上清一色。特别是组建创新的管理团队时，女性参加管理有如下好处：一是使组建的管理团队更有代表性；二是使管理团队讨论和决策问题更趋于全面；三是使管理团队的氛围协调和谐、智能优势互补，有利于管理创新。

三、共同愿景凝聚效应律与"确立共同愿景"的建设方略

（一）"共同愿景凝聚效应律"的基本内涵

共同愿景凝聚效应律，是指人才群体一旦形成共同愿景，就会产生强大的向心力和凝聚力，聚焦目标实现，从而使该群体得以成长和发展。该规律的核心是形成人才群体的共同愿景。其主要由目标、价值观、使命感

---

① 列宁.列宁全集[M].北京：人民出版社，1957：394.

等要素构成;不能简单地将愿景理解为数字指标。这就启示我们,组建优秀的人才团队就得在形成共同愿景上下功夫,实施"确立共同愿景"的建设方略。

(二)实施"确立共同愿景"的建设方略

所谓"确立共同愿景"的建设方略,是指组建创新团队时,应把握组成人才的政治大方向,使目标志向能趋于一致,以利于形成团队的创新合力。实践证明,实施该方略应注意如下几点:

首先,要了解和掌握拟组建人才的目标志向、兴趣爱好,将个人愿景相似或相近的人才加以组合,以利于日后统合、融为团队的共同愿景。

其次,让团队成员参与本团队共同愿景的建立。一是汇聚每个成员的愿景;二是发动团队成员研讨团队的共同愿景。这样做,能够使团队成员对团队共同愿景产生积极的心态——认同感、归属感、义务感,有利于团队成员"方向整合一致",从而形成凝聚力。

再次,形成后的共同愿景要加以动态调节。具体来说,共同愿景形成后,不是一劳永逸,应随着团队内外诸要素之变化而加以调整和发展。

最后,要摒弃团队共同愿景由团队的上层领导宣示,或自上而下发布行政指令的做法。实践证明,这种做法很难建立团队的共同愿景,难以达到成员之间"方向整合一致"。

主要参考文献:

[1] 叶忠海. 普通人才学[M]. 上海:复旦大学出版社,1990.

[2] 叶忠海. 人才资源优化策略[M]. 上海:上海三联书店,2002.

(该文完成于 2012 年 11 月,后作为《新编人才学通论》第十三章第三节,于 2013 年 9 月由党建出版社出版。)

生态学视域下的社会人才总体发展运动规律

社会人才总体的发展运动，是一种复杂的社会运动现象，需要从多学科视角加以研究，才能较全面认识和掌握其发展运动规律。本文仅从生态学视域研究社会人才总体发展运动规律。

一、生态学和生态学基本规律

生态学是由德国生物学家赫克尔（E. Haeckd）于 1869 年首次提出的，是研究生物之间、生物与环境之间的相互关系的科学。其基本内容包括种群、群落、生态系统、人与环境的关系等方面。20 世纪 60—70 年代，随着由国际科联发起的国际生物学计划和联合国教科文组织开展的人与生物圈计划的推进，生态学已进入现代生态学阶段。生态科学体系日趋丰富和完善，按所研究的生物类别分，就有微生物生态学、植物生态学、动物生态学、人类生态学等。

人类生态学，是研究人群之间、人类与环境之间相互关系的科学。具体来说，人既具有生物生态属性，又具有社会生态属性。作为生物人，人对环境的生物生态适应，使人类形成了不同的人种和不同的体质形态；作为社会人，人对环境的社会生态适应，形成了不同的人类文化。因此，人类生态学，既研究作为生物的人、人与环境的关系，又研究作为社会的人、人类文化与环境的关系。目前，人类生态学研究的焦点是人与自然的关系，研究的核心内容是可持续发展理论。

生态学规律，是指生态研究领域中的事物和现象的内在本质联系。它的作用范围不仅是生物本身或环境本身，而是生物与环境共同组成的整体。美国生态学家小米勒曾总结出生态学三定律：① 多效应原理[该原理由哈定(G、Hardin)提出]；② 相互联系原理；③ 勿干扰原理等。目前，我国生态学界一般认为我国生态学家马世骏提出的生态学基本规律较为全面，具体包括下列五大规律：① 相互制约和相互依存的互生规律；② 相互补偿和相互协调的共生规律；③ 物质循环转化的再生规律；④ 相互适应和选择的协同进化规律；⑤ 物质输入与输出的平衡规律。上述的生态学基本规律，是生态平衡的基础。

二、人才生态圈的群落效应律

地理学中的人才圈，是指在一定的社会历史条件下，人才涌现和汇集呈圆圈状分布的人才空间分布形式。生态学中的生态圈，是指生物与其环境的总称。而人才生态圈，是指在一定空间范围内，人才群体及所处的环境构成的人才生态系统。换句话说，人才生态圈即人才系统与环境系统在特定空间的组合。在人才生态圈内，不同类型的人才组合成各种人才群体，各种人才群体又组合成复杂的人才群落。人才个体之间、人才个体与群体之间、人才群体与人才群体之间、人才群体与人才群落之间存在着复杂的多样化的相互依存、相互制约、相互作用的关系，表现出人才生态圈的各种群落效应和规律。这种群落效应和规律，又直接或间接影响着生态圈人才发展。就生态圈群落效应对人才发展影响的规律性现象而言，主要体现为如下方面：

（一）异质互补的优化效应律

生态学研究表明，一个生态系统的生物种群的种类越多样，层次越明显，系统越复杂，就越有生命力。相反，单一种群就容易衰亡。探究其内在机理，就不难发现，一个生态圈内，生物种类和层次越多，就越能组成"食物链"或食物网，生物之间彼此"相生相克"，异质互补的可能性就越大,就越能促进诸生物种群共生共荣,使整个生物群落优化和繁茂。这种规律性现象,就是生物群落的异质互补的优化效应。

生物群落异质互补的优化效应,对于人才生态圈也不例外。实践证明,要组建优化的人才群体,就要遵循异质互补的原则。因为不同专业、不同智能类型的人才组合在一起,可起到专业互用、能力互换、技能互补的作用。不仅如此,不同气质类型的人才组合在一起,可以相互包容、协调互补。这样,组成的优化的人才群体,不仅其功能具有"1+1>2"的效能,能够产生很强的创造力、竞争力和生命力,而且为构成该人才群体的每个人才个体的发展,创造了协调、和谐的生态环境。

(二) 生态位矛盾及转化效应律

生态位(ecological niche),是生态学最基础的专业术语,是指一种生物种群在群落时空中所占的位置及其与相关组群之间的功能关系和作用。其既表示生存空间的特性,也包含生活在其中的生物的特性。在生物群落中,某一物种生态位有层次高低、宽度大小之分。生态位的高低,取决于该生物个体或种群在群落中功能和作用的大小;生态位的宽度,取决于该生物个体或种群对其周围多个生态因子的适应性程度。在生态位的差异状态下,生物个体或种群为在群落中生存和发展,一方面去寻求、竞争、占领良好的生态位,另一方面也不断适应现实的生态环境。

从生态学的视域来看,在人才生态圈内,也有人才生态位的问题。人才作为一种高级生物有机体,在人才群落中根据各自的功能与作用以及适应度,均有各自的生态位。这里所说的生态位,包含两层意思:一是自己所处的生态环境;一是自己所需要的生态环境。当人才经学习、研修和实践,其才能提高了,与其在人才生态圈内生态位现状产生矛盾,其必然要求冲破原有生态环境的束缚,寻求、获得更高层次、更大宽度的生态位空间。在解决此矛盾过程中,人才必然向高层次方向转化发展。

(三) 竞争筛选的张力效应律

自然生态系统有个普遍的法则,即优胜劣汰法则。正是生物的这种竞争,激发了生物种群的生命力和活力,从而促进了生物种群的进化。竞争筛选、优胜劣汰对自然生态系统的稳定和生物种群的进化具有最直接的积极意义。

从生态学视域来看,在人才生物圈内,人才公平、公正的竞争,同样对人才成长和发展具有积极意义。在竞争中,各方的潜能、拼搏力、毅力、创造力得以充分释放,以求取胜,使得整个人才生态处于一种积极进取的张力状态,这种"张力"效应,显然有利于人才个体和群体的成长和发展。当然,我们所说的竞争,应该是科学的、适度的,否则会挫伤人才的积极性和创造性,破坏人才生物圈的动态平衡。

三、人才与生态协同进化律

(一)生态学的协同进化律

生态学界认为,生态学基本规律之一是相互适应与补偿的协同进化律。具体而言,生物与环境经作用与反作用,相互适应与补偿,最后获得协同进化的结果。例如,最初生长在岩石表面的地衣,由于没有多少土壤,致使地衣所得的水和营养元素就十分少。然而,地衣生长过程中的分泌物和尸体的分解,不但把等量的水和营养元素归还给环境,而且还生成能促进岩石风化变成土壤的物质。这样,环境保存水分的能力增强了,可提供的营养元素也增多了,从而为高一级的植物苔藓生长创造了条件。如此下去,便逐渐出现了草本植物、灌木和乔木。生物与环境就是如此反复地相互适应和补偿,于是生物从无到有、从低级到高级进行演化,而生态环境也在演变,并得到改善。

(二)人才与生态协同进化律的表述和内涵

从生态学视域来看,人才与生态环境同样存在协同进化的内在关系,即人才与生态协同进化律。其可表述为:在人才系统与生态环境和谐协调条件下,必然会促进两者共同的可持续发展。具体而言,一方面,人才发展依存于经济社会发展和生态文明建设,应服务于经济社会发展和生态文明建设;另一方面,经济社会发展和生态文明建设又依靠人才发展,应把人才发展放在战略领先地位。两者相互作用、相互制约、相辅相成,协调统一于整个区域总发展之中。

四、规律的利用

(一)人才系统与外部环境应整体开发

人才与生态协同进化律告诉我们,人才系统发展与外部环境发展具有整体联系的统一性,因而两者应整体开发。就人才与经济整体性开发而言,在一个区域范围内,人才资源开发与经济开发活动应相互对应。其具体体现在:人才资源开发的数量应与经济发展的规模相对应;人才资源开发的能级结构应与经济开发的技术构成相适应;人才资源开发的专业结构应与经济产业(行业)结构变革相协调;人才资源开发的地域布局应与经济开发活动的地域过程相一致。总之,人才资源开发要进入经济社会发展大循环之中,与自然、社会环境的发展变化保持协调统一。

(二)要坚持动态调节的用人原则和权变用人方略

生态位矛盾及转化效应律告诉我们,用人活动内外诸因素的变化,必然会导致人才群体结构产生不平衡、不协调的现象,这就要求用人者必须及时对人才个体使用和人才群体结构加以动态调节,并实施权变用人方略。所谓权变方略,指的是权衡利弊,因人、因地、因时、因事制宜,随机应变的用人方略。其实质是坚持从变化的实际出发,在动态中灵活而有效地用人。为此,要确立"三个观念",即确立正确的权变用人观念、确立随环境而变的用人观念、确立随对象而变的用人观念。具体而言,随着人才年龄的增长、能力的提高、成就感的增强及成熟度的发展,应及时提升或调整其在职场中的生态位,给予其发展空间,让其更好地发挥创造才能。

(三)引入竞争机制,建立和完善富有生机与活力的人才开发机制

竞争筛选的张力效应律告诉我们,公平、公正的竞争有利于激发人才

的进取心、潜能和创造力，使人才在竞争中脱颖而出。这正如党的十三大报告指出的，"竞争机制引入企业管理，为优秀企业家和各种专门人才的脱颖而出创造前所未有的条件"，以解决人才队伍老化僵化的问题。无数事实证明，竞争为人才比较创造了条件，有比较才好鉴别，有鉴别才能择优开发人才，有利于高层次人才和高技能人才的涌现。

（四）组建优化的人才群体结构应注重异质互补

异质互补的优化效应律告诉我们，异质互补可使人才群体结构总效能大于组成该群体的每个个体人才的能量之和，并使每个人才得以错位发展，各得其所。据此，管理者在组建优化的领导团队、管理团队时，应防止"同型相拆"，即防止同一种专业、智能类型人才在人才群体中产生相互排斥的现象；要贯彻异质互补的原则，为人才群体中每个人才发展创造一个宽松、和谐、协调的生态环境。异质互补对于组建科技创新团队，实施科技攻关具有现实的指导意义。

主要参考文献：

［1］王通讯. 人才学新论［M］. 北京：蓝天出版社，2005.

［2］沈邦仪. 人才生态论［M］. 北京：蓝天出版社，2005.

［3］马世骏. 生态规律在环境管理中的作用——略论现代环境管理的发展趋势［J］. 环境科学学报，1981(1)：95-100.

（该文形成于 2012 年 11 月，后作为《新编人才学通论》第十一章第四节，于 2013 年 9 月由党建读物出版社出版。）

人才创新能力

03

提升人才自主创新能力永远是人才开发的主旋律

人才自主创新能力,是指人才通过自主创造实践,产生新颖产品的能力。这种新颖产品,具有开创或开拓的价值,对社会或社会某领域发展具有重要的价值。本文仅就提升人才自主创新能力的战略意义,人才自主创新能力的内在机理和形成关键,提升人才自主创新能力对人才及其团队自主开发的启示,建立保障人才自主创新能力的制度体系等问题进行分析和论述。

一、提升人才自主创新能力的战略意义

第一,国际层面:人才自主创新能力是我国提升国际竞争力的核心。近现代社会发展史表明,自主创新能力是第一竞争力,其中人才自主创新能力尤为关键。世界各国综合国力竞争的核心,是人才自主创新能力的竞争。当今世界,正面临前所未有的复杂国际环境,美国全方位遏制中国崛起。中美之争的核心是人才自主创新能力之争。在这样复杂的背景下,自主创新能力与国家命运紧紧联系在一起,有了自主创新能力,国家命运才能掌握在自己手里。不仅如此,自主创新能力又事关国家的国际地位。有了自主创新能力,才能在国际竞争中占据制高点,掌握主动权和发言权,才能在国际社会及其事务中具有影响力。实践证明,我国在量子科学、5G通信、航天等多个领域取得了自主创新的成果,有力地反映了我国科技自主创新能力。世界知识产权组织发布的《2020 年全球创新指数

报告》显示，在全球 131 个经济体中，中国创新能力排名为第 14 位。在当前形势下，我们要坚持将创新作为引领发展的第一动力，进一步着力提升人才自主创新能力，在呵护人类健康、应对气候变化等领域取得突破性进展，进一步提高我国核心竞争力。

第二，国家层面：人才自主创新能力是建设创新型国家的关键。创新型国家是以创新作为国家的核心理念，以增强自主创新能力作为国家战略，以社会化的创新体系和终身教育体系为基础，以创新社会化作为基本标志。其中，最关键的是将增强自主创新能力作为创新型国家建设的国家战略。知识和技术的载体是人才，知识和技术的创造、传播和后续发展在于人才。创新型科技人才是新知识的创造者、新技术的发明者、新学科的创建者，是科技自主创新的开拓者和引领者。因此，建设创新型国家，归根结底取决于提升人才自主创新能力。通过提升人才自主创新能力，使"知识创新指数""科技进步贡献率""对外技术依存度"等衡量创新型国家的主要量化指标达到应具备的标准。

第三，企业层面：人才自主创新能力是企业生存和发展的根本。企业要生存和发展，最基本、最可靠的保障，即要有知识产权的品牌。品牌的造就，必须要有核心技术，即"根"技术。而"根"技术来源于人的原创力，主要依赖于企业人才自主创新能力。例如，华为作为我国的民营企业，尽管受到以美国为首的多方压制，但仍把握着 5G 国际标准制订的主导权，原因就在于企业有着占世界第一的 3 000 多项专利权。而专利权的取得，有赖于华为 700 多位数学家、800 多位物理学家、120 多位化学家的人才自主创新能力。由此可见，人才自主创新能力是企业生存和发展的生命力，企业人才自主创新能力的开发链，是企业生存和发展的生命线。

第四，个体层面：人才自主创新能力是人才发展的本质属性和内在动力。人才学认为，创造性是人才的本质属性，是人才与一般人群最基本区别。否定了人才的创造性，就否定了人才质的规定性。可见，人才发展本质上是人才创造性发展。作为构成创造性的核心要素——自主创新能力，则是人才发展本质属性的体现。不仅如此，人才学研究表明，人才是在其自主创新能力不断提升过程中得以成长和发展的。

综上所述，提升人才自主创新能力，无论对国家还是企业、个人，均具有前瞻性的战略意义。其是人才开发的最根本的价值取向，永远是人才开发的主旋律。

二、人才自主创新能力的内在机理和形成关键

第一，人才自主创新能力的内在机理。人才自主创新能力是人才自身的创造性思维能力和创造性实践能力的总和。其中，创造性思维过程，是由选择、突破、重构等基本环节构成，三者构成了创造性思维链。

选择，是人才创造得以展开的第一要素。要取得创造成功，首先要选择好题目。研究表明，在课题目标的创新性、实效性与目标实现的可行性最佳结合点加以选择往往能够取得创新性成果。

突破，即对现有秩序的否定。其包含对思维常规定势的突破、对陈旧观念和理论局限性的突破、对当前事物运动固定秩序的突破、对未知领域认知的阻碍和迷雾的突破等。突破的核心是求新，是新的发现和发明的萌发和显现。

重构，即重新建构。在选择和突破的条件下，有效地抓住事物新的质，重新构筑新的事物框架结构，完成事物发展的质的飞跃。

创造性思维实质，是选择、突破、重构的统一。选择、突破是重构的基础，重构是选择、突破的结果。重构中又再次选择、突破，以便获得更完善的重构。可见，创造性思维链，是人才自主创新能力的内在机理，也是人才创造创新的实质所在。

第二，人才自主创新能力提升的关键。关键之一在于人才自主性。创造性思维链是人才主体大脑的复杂、高级思维过程，是任何外力所不能代替的，因而增强人才自主创新能力，归根结底取决于人才自主性。自主性，是人才主体本质力量的体现和主体地位的确认，是人才主体发挥能动性和创造性的前提。没有自主，就没有自主创新能力。要提升人才自主创新能力，就得充分发挥人才自主作用。关键之二在于人才主体创造实践。如前所述，创造能力是创造性思维能力和创造性实践能力的总和，而

创造性实践能力只有个体在参与创造实践中才能造就，并与创造实践的难度、持久度呈正向相关。因此，要提升人才自主创新能力，还取决于人才主体创造实践。

三、对人才及其团队自主开发的启示

第一，要强化人才自主创新能力开发的主体性。人才成长和发展基本原理表明，人才内在因素是人才成长和发展的根本，外部因素是人才成长和发展的必要条件。相对于外部因素而言，内在因素是第一位的。同理，相对于组织开发而言，人才自主开发是首位的。何况，正如前述，提升人才自主创新能力的关键在于人才自主性。要从自身的实际情况出发，主动规划开发自主创新能力的路径、举措和方法。

第二，培植自身的创新意识和创造品格，构筑优质的智能结构。创造性心理学认为，自主开发创新能力，离不开创新意识、创造品格，以及优质智能结构的构筑。创新意识，是指创新的意向、兴趣和积极性，以及正确的创新动机。创造品格，又可称创造个性。研究表明，其包含事业心、进取心理、自信心理、勇敢心理、坚韧心理、独立自主心理等。关于优质的智能结构，一般认为是蛛网式三层次智能结构，由核心层、中间层、外围层所构成。其中，核心层由专业知识和技能组成；中间层由相关知识和技能组成；外围层由基础知识和技能组成。

第三，积极参与创造实践，探索跨领域、跨学科的融合创新。人才成长和发展基本原理告诉我们，创造实践在人才成长和发展中起决定性作用。正如前述，人才自主创新能力取决于人才创造实践。在现代科学高度分化、高度综合整体化趋势占主导地位的背景下，交叉综合是创造成功的有效模式，对人文科学、社会科学、管理科学研究尤为必要。关于交叉综合研究，笔者在 40 余年学术生涯中进行了积极探索，开展人才学与地理学交叉综合研究，在两次承担国家自然科学基金项目"中国东南部丘陵山区人才开发和教育改革研究""区域人才地理基本原理与中国人才空间开发"研究基础上，撰写出版了中国首部人才地理学专著《人才地理学概论》，创建了人才地理学，在此过程中，也磨炼和提升了自主创新能力。

第四，在科技创新中，由科技领军人才引领，人才团队自主选题、自主策划、自主组团、自主实施、自主调控等。实践证明，科技领军人才是人才团队的灵魂和舵手，他们培植团队的科研精神，把握团队的发展方向，提升团队的创新水平，形成团队的凝聚作用，产生团队的师承效应等，决定着团队的成效、发展和兴衰。就科技领军人才把握团队发展方向来说，科技领军人才是科技战略家和组织家，长期拼搏在本科技领域的前沿，对本领域发展的世界动向和战略方向最熟悉、最有发言权，因而能对其带领团队进行科学定向和定位。例如，我国超级杂交水稻研究位居世界前列，分子标记育种处于国际先进水平，这与"杂交水稻之父"袁隆平带领团队把握研究方向，从提高水稻杂种优势利用水平的角度提出杂交水稻的育种战略密不可分。

第五，有意识自主组建人才的创造联盟。人才要提升跨领域自主创新能力，必须参与跨领域创造实践并取得成功。一个人乃至单一学科的力量是有限的，均受到智能局限性的束缚。要解决此问题，应有意识、有目的地组建多专业多学科人才相结合的创造联盟，以及组建理论工作者与实际工作者相结合的创造联盟。20世纪90年初，笔者作为课题组长负责承担国家"八五"攻关项目"长江三峡工程研究"分课题"长江三峡工程管理模式与人才开发研究"，就组建了水利工程专家、自然地理学专家、管理工程专家和人才学专家研究联盟，并组建了高校理论工作者与长江三峡开发总公司人事部实际工作者联盟，较圆满地完成此项研究任务。

四、建立培育和保障人才自主创新能力的制度体系

第一，建立全程性的创新教育的制度体系。即将创新教育贯穿于人才成长和发展全过程，渗透于终身教育体系之中。其基本任务是激发受教育者的创新意识，训练受教育者的创造才能，培养受教育者的创造品格。其基本途径有以下几个方面：一是渗透式，即把创新教育渗透于各科教育和各种教学活动之中；二是专门式，即专门开设创造类和未来类课

程,组织创造实践活动;三是行动式,即结合工作岗位实践,在工学结合整体过程中进行创新教育。在未成年人基础教育阶段,更多地采取渗透式途径给予少年儿童创新的"复合维生素",培养他们的"创新因子"。在高等教育阶段,采取渗透式与专门式相结合的途径对青年大学生实施创新教育,培养他们自主创新能力和实践能力。在在职人员继续教育阶段,更多地采取行动式途径实施创新教育,培养和提升在职员工自主创新能力和创造技能。

第二,建立和健全适合高端人才特点的智能更新制度。人才的智能更新不同于一般人群的智能更新,尤其是学术技术带头人智能更新更有其特殊要求。调查研究表明,学术技术带头人最需充电的内容,一是本专业领域的前沿理论和知识,二是刚刚露头的新技术和工程实践,三是与本专业相关领域的理论和知识。他们进行智能更新最希望的形式,一是与国外专家合作研究,二是同行研讨,三是自学和专题讲座等。

第三,建立和完善有利于人才自主创新能力形成和发展的创造实践制度。作为单位组织,必须明确提升人才自主创新能力,永远是人才开发的主旋律。而人才自主创新能力的提升,取决于人才的创造实践,一刻也离不开创造实践。为此,要建立和完善提升人才自主创新能力的长效机制,即对人才进行职业生涯设计及制定其参与创造实践的制度。具体包括给予人才创造实践的发展空间、攻关项目、自主组建团队和运行控制权以及提供必要的支撑条件等。

第四,探索有利于增强人才自主创新能力和创新型人才涌现的人才评价制度。人才哲学表明,人才考评归根结底考"三态",即人才持有态、人才发挥态、人才转化态。此"三态"由中国人事科学研究院原院长王通讯研究员于 20 世纪 80 年代提出。根据该原理,笔者于 90 年代末提出,为有利于创新型人才涌现,人才考评应突出人才创造性评价。具体来说,即建立和探索以"创新素质(持有态)——创造实践(发挥态)——创造成果(转化态)"为主线的人才评价体系,将对品德、能力、业绩的评价渗透其中,以此强化人才提升自主创新能力的动力。

第五,建立和完善有利于激发人才自主创新能力和维护人才创新权益的激励保障制度。一是建立和完善知识产权保护制度。关于知识产权保护问题,党和国家高度重视。2010 年《人才发展规划纲要》就提出"实施知识产权保护政策","实施国家知识产权战略"。2016 年,中共中央《关于深化人才发展体制机制改革的意见》又强调"加强创新成果知识产权保护"。2020 年 11 月,习近平总书记在中央政治局就加强我国知识产权保护工作举行的集体学习中,再次深刻指出,"保护知识产权就是保护创新"。对此,就要具体落实"完善科技成果知识产权归属和利益分享机制""完善知识产权质押融资等金融服务机制""建立创新人才维权援助机制"等,拥有产权是对人才创新的最大激励。在科研成果署名上要清除"官本位"现象,真正按实际贡献大小加以排序,建立以发明者命名新产品的占有制度。二是建立和完善与自主创新成果价值相对应的分配制度。为此,要落实"完善市场评价要素贡献并按贡献分配的机制"。实行以增加知识价值为导向的激励制度,提高科研人员成果转化收益分享比例,强化人才股权期权激励。三是建立和完善人才资本及科研成果有偿转移制度。允许科研成果通过协议定价、在技术市场挂牌交易、拍卖等方式转让转化。要进一步探索人才资本隐性部分的有偿转移问题,包括职业声望、社会资本、业务能力等方面的量化,以及由谁加以量化等问题。

第六,建设有利于创新文化形成、人才自主创新的良好发展环境的制度。从文化结构学视角,应从物质文化、制度文化、精神文化多层次立体式营造创新文化。当前除贯彻落实上述的制度外,还要着力建设创新文化两大长效机制:一是建立和完善人才创造实践失败的宽容制度。该制度的提出是由人才创造实践的高难度性、高风险性、高不确定性所要求的。这样,让人才放下害怕失败的思想包袱,摒弃"不求有功,但求无过"的思想。建立宽容制度,对于科技创新不急功近利,急于求成,这对原始创新而言更是如此。二是进一步完善人才创造成功的表彰制度。除完善国家荣誉制度外,还应调整规范各类人才奖项设置。实施政府表彰与学术团体表彰相结合,特别是对学术创新的认可,学术团体更有发言权。表彰要坚持原则性、先进性和真实性,使真正对创造实践有实际贡献的人员得到应有的表彰。

主要依据和参考文献：

［1］习近平.习近平关于人才工作论述摘编［M］.北京：中央文献出版社,2016.

［2］国家中长期人才发展规划纲要（2010—2020 年）［M］.北京：人民出版社,2010.

［3］关于深化人才发展体制机制改革的意见［M］.北京：党建读物出版社,2016.

［4］叶忠海.新编人才学通论［M］.北京：党建读物出版社,2013。

［5］叶忠海.人才学和人才资源开发研究［M］.北京：党建读物出版社,2015.

［6］叶忠海.大学后继续教育论［M］.上海：上海科技教育出版社,1997.

［7］叶忠海,郑其绪.新编人才学大辞典［M］.北京：中央文献出版社,2015.

（本文发布于 2020 年 7 月 25 日在中国人才研究会人才学专业委员会举办的"2020 全国人才在线高峰论坛"。）

论解放和增强人才创新活力的理念和政策环境

中共中央于 2016 年 3 月 21 日印发的《关于深化人才发展体制机制改革的意见》(以下简称《意见》),首次在党和国家文件中提出重要命题——"解放和增强人才活力"。这既是人才工作改革的重点,又是人才工作的根本目的。本文就解放和增强人才活力的内涵、意义、理念和体制机制,分别作一概要的论述。

一、解放和增强人才活力的内涵和意义

何谓人才活力? 简要来说,就是人才及其群体的主体能动性。解放和增强人才活力,即解放和增强人才及其群体的主体能动性。其包括自主性、自觉能动性、创造性。自主性,是主体本质力量的表现和主体地位的确认,是主体发挥能动性、创造性的前提。自觉能动性,是主体与非主体的最基本区别。创造性,是主体能动性的最高表现。因此,解放和增强人才活力的最高体现,即解放和增强人才主体的创新创业活力。其表现为激发人才主体的创新创业意识,发挥创新创业能力能动性,使创新创业价值得到充分实现。

《中共中央关于全面深化改革若干重大问题的决定》提出"进一步解放思想、解放和发展社会生产力、解放和增强社会活力"。这"三个解放"是对人类社会发展动力的高度概括和规律性把握,既是全面深化改革的核心,又是全面深化改革的目的。人才是经济社会发展的第一资源,是解

放思想的先行者,是发展社会生产力的引领者,是社会活力的集中体现者。就后者而言,社会由社会人及其组织构成,社会活力即社会人及其组织的主体能动性。可见,社会活力本质上讲就是社会人的活力,尤其是人才的活力。因此,人才活力是社会活力的核心,解放和增强社会活力,首先是解放和增强人才活力。

综上所述,解放和增强人才活力,是"三个解放"的核心和关键,在实现"三个解放"的过程中应放在优先地位,为中华民族伟大复兴提供强大的人才支撑。

二、解放和增强人才活力,重在坚持以人才为本位的理念

一是要树立"人才是目的"的理念。马克思认为,人是世间人的最高本质。未来新社会是人的社会制约性和社会属人性的统一。一方面,人受社会性制约,体现了人的客观性;另一方面,社会属人性体现了社会发展是为了人的发展。尽管人的发展与社会发展是相互决定、互为条件的,但从根本意义上说,人的全面而自由发展是人类社会历史发展的最终目的。归根结底,人才是社会可持续发展的目的而不是工具。这启示我们,人才开发及其体制机制改革,不仅应把推动社会的科学发展作为价值取向,而且应以促进人才的科学发展为最终价值取向。具体而言,应将人才的潜能得以充分开发、人才的创造才能得以充分发挥、人才的社会价值得以充分实现、人才得以自由而全面发展,作为人才科学开发及其体制机制改革的最终目的。

二是要树立"人才为主体"的理念。这不仅由人才活力的内涵和属性决定,也是辩证唯物主义基本原理和人的心理发展规律所要求的。辩证唯物论表明,事物发展的根本原因,不在于外部,而在于内部,即事物内部矛盾性。外部因素只有通过事物内部因素才能起作用。同理,人才活力的解放和增强,人才内因是第一位的,外部因素也只有通过人才的评价、选择、控制、内化,才能成为激发人才活力的内动力。这就启示我们要解放和增强人才活力,就要充分体现人才的主体性,人才是人才工作改革的主体,应发挥其在人才发展体制机制改革中的主体作用,不能仅仅将人才

及其活力作为"被解放""被激发"的对象和客体。再从人的心理发展规律来看,人的心理发展过程,是人的需要、动机、行为、目标的前后联系、按序推进、循环往复,呈螺旋式上升过程。其中人的行为总是受人的动机支配,而人的动机又导因并受制于人的需要,人的需要是人的行为动力的心理源泉。这就启示我们,研究和满足人才主体性的需要,须从源头上来激发人才活力。为此,应自始至终将人才主体性需要作为人才开发及其体制机制改革的基本依据,将人才需要与社会需要辩证统一起来。人才开发及其体制机制改革应充分体现对人才发展的服务性。

三是树立"人才为尺度"的理念。人才是人才活力的载体,其活力与人才自身是分不开的。人才作为活力的载体,对其活力解放和增强的状况最有体验也最有发言权。这就启示我们,人才开发及其体制机制改革的质量和成效的评价,最基本的评价主体是广大人才。应积极组织人才参与评价活动,倾听广大人才的呼声、建议和意见,应以他们的知晓度、认同度、凝聚度、发展度、满意度作为衡量人才开发及其体制机制改革成功与否的最基本尺度。

四是树立"人才是过程"的理念。世界是过程的集合体,任何事物均是动态运动的,自然界是如此,人类社会也不例外,作为特殊事物的人才更是这样。人才既有由非人才到准人才到潜人才到显人才再到高级显人才纵向的成长和发展过程,又有人才类型转化的横向变化过程。这就启示我们,人才开发及其体制机制改革,不仅为人才某阶段、某类型服务,而且要为不同类型人才终身发展服务。这就得遵循人才过程转化规律,了解和把握不同类型、不同层次人才成长和发展的特点和需要,以问题为导向,针对性开展人才开发活动,实施人才发展体制机制改革,力求做到阶段性和连续性的统一,形成人才科学开发服务体系。

三、解放和增强人才活力,重在优化人才发展的政策制度环境

人才活力的解放和增强,是内外诸因素相互作用的综合效应过程。

不仅要考虑人才活力解放和增强的内在动力,还要考虑人才活力解放和增强的外部社会环境。尽管外部社会环境相对于内在因素而言是第二位的,但它是必不可少的。外部社会环境,包括社会政治环境、社会经济环境、社会文化环境、社会生态环境等,其中社会政策制度环境直接关系到人才活力的解放和增强。《意见》是新中国成立以来在中央层面上关于人才体制机制改革的首个综合性文件,是中央关于全面深化改革系列文件重要组成部分。《意见》的针对性、现实性突出,战略性、前瞻性明显,着眼于破除束缚人才发展的思想观念和体制机制障碍,形成具有国际竞争力的人才制度优势。它的出台,大大优化了人才发展的政策环境,强有力地推进了人才活力的解放和增强,正如《意见》所阐述的那样:"形成与社会主义市场经济体制相适应、人人皆可成才、人人尽展其才的政策法律体系和社会环境。"

(一) 优化人才的育人体制机制

《人才规划纲要》"创新人才工作机制"部分,首先提出了"人才培养开发机制"的创新,而《意见》则将"改进人才培养支持机制"专门列为一部分加以阐述。要优化人才的育人体制机制,有下列基本问题需加以明确。

第一,科学定位人才培养目标。这是人才的育人体制机制改革创新的依据。基于人才的育人体制机制的改革创新,其根本目的是更好地培养社会所需要的人才,因而人才培养目标从根本上规定着人才的育人体制机制。换句话说,人才的育人体制机制改革创新,受制于人才培养目标。因此,要科学而有效地改革创新人才的育人体制机制,首先要科学定位人才培养目标。关于人才培养目标定位问题,《人才规划纲要》明确指出:未来十年乃至更长时期我国"突出培养创新型人才,注重培养应用型人才";《人才规划纲要》还将"突出培养造就创新型科技人才"作为国家人才队伍建设主要任务中的首要任务。2016 年 5 月 30 日,习近平总书记在全国科技创新大会、两院院士大会、中国科协第九次全国代表大会上作了"为建设世界科技强国而奋斗"的战略性重要讲话,再次强调"我国要建设世界科技强国,关键是要建设一支规模宏大、结构合理、素质优良的创新人才队伍,激发各类人才的创新活力和潜力"①。

第二,建立和完善"两大合作"培养人才新体制。这是人才的育人机制创新之首要。一是建立和完善"产学研合作"培养人才新体制。《人才规划纲要》将建立产学研合作培养人才新体制作为人才发展十大重大政策之一;《意见》进一步提出,"完善产学研用结合的协同育人模式","发挥高校、科研院所、企业在博士后研究人员招收培养中的主体作用"。为此,必须首先树立多元培养主体的理念,克服忽视企业在培养创新型人才中作用的倾向。高校、科研院所、企业均是培养人才的主体。企业是社会创新的主体,是创新型人才特别是创新型科技人才成长的载体和平台。二是建立和完善"中外合作"培养人才新体制。人才要创新,必须要了解和掌握世界在本领域发展的前沿和动向,而国际交流合作正是有效的途径。对此,《人才纲要》在具体阐明"突出培养造就创新型科技人才"时明确提出,建立"国内培养与国际交流合作相衔接的开放式培养体系";《意见》则将"扩大人才开放"提升到人才发展体制机制改革基本原则的高度。

第三,创新人才培养模式。这是人才培育机制创新的核心。模式,通俗地说是途径、方式和方法的总称。要培养创新型人才和应用型人才,就得实施如下模式:一是合力式模式。这是指通过多元培养主体合力培养人才的模式。《人才规划纲要》明确提出,通过高校、企业合作,"共建科技创新平台,开展合作教育,共同实施重大项目等方式,培养高层次人才和创新团队"。《意见》也明确提出,"建立产教融合、校企合作的技术技能人才培养模式""促进企业和职业院校成为技术技能人才培养的双主体"。二是实践式培养模式。这是指让受教育者在实践行动中磨炼成长的培养人才模式。该模式是人才成长规律所要求的,也是集聚和培养人才有效经验的运用。对此,《人才规划纲要》反复强调,要"加强实践培养","实行人才+项目"的培养模式。三是探究式培养模式。这是指以发现和探索问题为核心的人才培养模式。该模式是创新型人才本质属性所要求的,

---

① 习近平. 为建设世界科技强国而奋斗——在全国科技创新大会两院院士大会中国科技第九次全国代表大会上的讲话[M]. 北京：人民出版社,2016.

也是创新型人才成长理论的具体运用。《人才规划纲要》提出，"探索并推行创新型教育方式方法"，《意见》提出，"探索建立以创新创业为导向的人才培养机制"，"注重人才创新意识和创新能力培养"。四是开放式培养模式。这主要是指面向世界的中外合作培养人才模式。该模式不仅是培养高层次人才的内在需要，也是培养国际化人才的关键所在。《人才规划纲要》不仅提出国内培养与国际交流合作相衔接的培养模式，而且还具体提出"开发国（境）外优质教育培训资源""支持高校、科研院所与海外高水平教育科研机构建立联合研发基地"等举措。《意见》也提出，"树立全球视野和战略眼光，充分开发利用国内国际人才资源"。不仅如此，《意见》还提出"拓宽国际视野，吸引国外优秀青年人才来华从事博士后研究"。五是特殊式培养模式。这是指对拔尖学生、特殊人才所进行的特殊培养模式。该模式由创新型、应用型人才成长规律特殊性决定，也是因材施教原则的具体运用。对此，《人才规划纲要》明确提出，"建立高等学校拔尖学生重点培养制度，实行特殊人才特殊培养"。

（二）优化人才的用人体制机制

科学发展以人为本，人才发展以用为本。以用为本，为人才创造实践提供舞台和机会，而创造实践是人才成长和发展的根本途径和价值实现的必由之路。可见，优化人才的用人体制机制，对于解放和增强人才活力，促进人才发展具有关键性的积极作用。对此，当务之急除要保障和落实用人主体自主权外，还要着力研究和解决下列问题。

第一，建立和完善科学的人才选用机制。根据人才成长和发展规律，制定科学的人才选用制度。该制度包括实施"最佳期用人方略"，做到"用当其时"；实施"能质能级对应用人方略"，做到"用当其位"；实施"优势定位用人方略"，做到"用当其才"；实施"不拘一格用人方略"，使各类人才脱颖而出。

第二，创新人才评价机制。根据人才培养开发目标与评价指标一致性准则，积极探索以创新型人才涌现为导向的人才评价体系，建立以"创新素质——创造实践——创新成果"为主线的人才评价指标体系，将品德、能力和业绩评价渗透于其中。由于各类人才在社会中所扮演的社会角色、承担的社会职责,以及人们对其社会期望不同,因而在坚持德才兼备总体的基本标准的过程中,应科学把握各类人才要求的特殊性。据此,要分类制定人才评价的标准和机制。《意见》明确提出,"制定分类推进人才评价机制改革的指导意见","加快建立科学化、社会化、市场化的人才评价制度",发挥政府、市场、专业组织、用人单位、专家学者等多元评价主体作用。

第三,强化人才激励机制。从心理学视角而言,激励是指根据人的需要,科学运用一定的外部刺激手段,激发人的动机,使其朝着期望的目标积极行动的心理过程。激励是以人的需要为依据。人的需要的多样性,决定了激励的具体方式和手段的多元性。激励的内容可划分为精神激励、物质激励和综合激励。当前着力要解决如下问题:一是知识产权保护问题。在科研成果署名上要清除"官本位"现象,真正按实际贡献大小加以排序。建立以发明者命名新产品的占有制度。对此,《意见》提出,"完善知识产权保护制度,加快出台职务发明条例"。二是分配问题。根据人才评价激励与价值相适规律,应建立和完善与人才自主创新成果价值相对应的分配机制,进一步完善知识、技术、管理、技能等生产要素按贡献参与分配的办法。《意见》明确提出,"实行以增加知识价值为导向的激励制度。完善市场评价要素贡献并按贡献分配的机制。研究制定国有企事业单位人才股权期权激励政策"。三是实施多种心理激励手段综合运用和有效结合。其包括目标激励、参与激励、尊重激励、信任激励、关怀激励、奖惩激励等。着力解决该问题,实际也体现了新的时代背景下对党的思想政治工作优良传统的继承和发扬。

(三) 优化育人与用人一体化体制机制

发掘人才的潜能是一项复杂的系统工程。该工程由人才的预测规划、教育培训、考核评价、选用配置、使用激励等基本环节构成,诸环节紧密联系、彼此制约,如一条人才开发链。其中,教育培训——育人、配置使用——用人是该系统工程中两个不可分割的两个重要方面。育人是用人的基础和前提,用人是育人的目的和动力,两者辩证统一于人才潜能动态开发过程之中。要解放和增强人才活力,必须建立和优化育人与用人一体化体制机制。

第一,从宏观视角来看,建立和完善经济社会发展与人才发展的协调机制。要统筹制定经济社会发展规划与人才发展规划,促进两者深度融合。《意见》提出,"统筹产业发展和人才培养开发规划","建立高校学科专业、类型、层次和区域布局动态调节机制"。一则可提高人才发展对经济社会发展的"适应促进度";二则可提高人才开发优化效应,使人才有英雄用武之地,做到人尽其才、才尽其用。

第二,从微观视角来看,在一个单位内建立和完善育人与用人一体化体制机制。除思想上取得共识外,在组织上应科学设置和调整组织机构,设置人才资源开发部门,把教育、人事、劳资等工作统一其内,做到"三位一体"。在政策上,应建立和完善育人与用人一体化的政策配套,教育培训制度与劳动人事工资制度相互配套、同单位经营管理制度配套等。

(四)优化人才流动体制机制

人才流动,是经济社会发展不平衡背景下,人才与生产资料有效结合,实现人才价值的必然要求。要解放和增强人才活力,除打破户籍、地域、身份、学历、人事关系等制约因素,为人才跨地区、跨行业、跨体制流动提供便利条件外,在优化人才流动体制机制方面还要着力考虑如下问题:

第一,建立和完善与经济社会发展战略相配套的人才流动机制。笔者经研究后发现,人才分布所遵循的基本法则是经济分布的法则。经济发展的地域过程决定着人才开发的空间布局和人才流动。这是一条不以个人意志为转移的规律。因此,人才流动机制的建立和完善,应依据经济社会发展战略,并与经济社会发展战略相配套。对此,《人才规划纲要》指出,"建立完善与西部大开发、东北地区等老工业基地振兴、中部地区崛起、东部地区率先发展战略相配套的区域人才交流合作机制"。当前,应制定与"一带一路"建设、京津冀协同发展、长江经济带建设等发展战略相配套的人才流动机制。

第二,建立和完善与人才流动规律相符合的科学而有效的人才流动引进机制。研究表明,人才压力流动定向规律,反映市场机制与人才流动之间内在的必然联系。在市场机制作用下,作为市场主体的人才总体必然会引起空间位移,由人才劳动力供大于求的"人才高压区"流向人才劳动力供小于求的"人才低压区"。我们应遵循人才流动规律,制定切实有效的人才流动引进机制,将人才输出着力点放在"人才高压区",人才输入着力点放在"人才低压区"。

总之,要进一步解放思想,深刻领会解放和增强人才活力的基本内涵和战略意义,对照基本内涵,反思和分析在人才开发工作实践中人才活力的解放和增强的状况如何?有哪些进展?有哪些不足和问题?原因是什么?在思想理念和体制机制方面对于解放和增强人才活力有没有障碍?在反思的基础上,以问题为导向,提出进一步解放和增强人才活力的思路和举措,使人才活力得到真正解放和增强,为加快建设人才强国,实现"两个一百年"奋斗目标贡献力量。

主要依据文献:

［1］关于深化人才发展体制机制改革的意见［M］.北京:党建读物出版社,2016.

［2］国家中长期人才发展规划纲要(2010—2020 年)［M］.北京:人民出版社,2010.

主要参考文献:

［1］叶忠海.人才科学开发研究［M］//叶忠海人才文选.北京:高等教育出版社,2009.

［2］叶忠海.新编人才学通论［M］.北京:党建读物出版社,2013.

［3］叶忠海,郑其绪.新编人才学大辞典［M］.北京:中央文献出版社,2015.

［4］叶忠海.人才培养开发机制创新的若干基本问题［J］.人事天地,2010(23):30－32.

(本文先发表于《中国人才》2016 年第 6 期,后收录于该年 9 月由中国人事出版社出版的《人才发展体制机制改革理论与实践研究》一书之中。)

人才培养开发机制创新的若干基本问题

推进人才发展是一项复杂的社会系统工程,其中人才培养开发是该系统工程的基本环节和重要方面。对此,《人才规划纲要》在"创新人才工作机制"部分,首先提出了"创新人才培养开发机制"。本文仅就该主题阐明若干基本问题。

一、正确定位人才培养目标:创新人才培养机制之依据

创新人才培养机制的根本目的是更好地培养社会所需要的人才,因而人才培养目标从根本上规定着创新人才培养机制的方向、要求和基本内容。因此,要科学而有效地创新人才培养机制,首先要明确人才培养目标。

关于人才培养目标定位问题,《人才规划纲要》明确指出:未来十年我国"突出培养创新型人才,注重培养应用型人才";并就培养创新人才在《人才规划纲要》全文中多次反复地加以强调和重申。不仅如此,《人才规划纲要》还把"突出培养造就创新型科技人才",作为国家人才队伍建设主要任务中的首要任务。

研究表明,构成创新型人才素质的特征要素一是创新意识,包括创新的意向、兴趣和积极性及正确的创新动机;二是创造才能,包括创造性思维能力和创造性实践能力;三是创造个性,即创造品格,包括事业心、进取心理、自信心理、勇敢心理、坚韧心理、独立自主心理等。应用型人才,包含工程型人才和技能型人才两个层次。其基本特征为直接有用性,反映

在能力的特征要素上，应用型人才应具备解决职业岗位实际问题的职业针对性能力、适应市场变化的职业岗位转换能力。可见，创新人才培养机制应有利于创新型人才和应用型人才上述特征要素的开发。换句话说，激发创新型人才和应用型人才的特征要素应视为创新人才培养机制的出发点和落脚点。

二、建立人才培养新体制：创新人才培养机制之首要

第一，树立多元培养主体的理念。这是创新人才培养体制的思想基础。传统观念认为，创新型人才培养主体仅是高等院校和科研院所，忽视企业在培养创新型人才中的作用。企业是社会创新的主体，是创新型人才特别是创新型科技人才成长的载体和平台。基于这样的理念和事实，创新型人才培养主体应是多元的，高等学校、科研院所、企业等均是培养主体。这一点，在《人才规划纲要》中得到充分体现。

第二，建立产学研合作培养人才新体制。基于上述理念，《人才规划纲要》出台的"实施产学研合作培养创新人才政策"是人才发展十大重大政策之一。该政策具体提出："建立政府指导下的以企业为主体、市场为导向、多种形式的产学研战略联盟。"此后颁布的《国家中长期教育改革和发展规划纲要（2010—2020年）》（以下简称《教育规划纲要》）中又明确提出："创立高校与科研院所、行业、企业联合培养人才的新机制。"这样，可充分发挥上述各方培养人才的优势，弥补各自培养人才的局限性，有利于拔尖创新型人才的培养造就。

第三，建立中外合作培养人才新体系。《人才规划纲要》在具体阐明"突出培养造就创新型科技人才"时明确指出建立"国内培养和国际交流合作相衔接的开放式培养体系"。该体系符合创新型人才特别是高层次创新型科技人才成长原理。人才要实现科技创新，必须要了解掌握世界本领域科技发展的前沿和动向；为此，国际交流合作是有效途径。事实也证明，我国高层次创新型科技人才成长，多是国内培养与国际交流合作相结合的产物。

三、创新人才培养模式：创新人才培养机制之核心

第一，合力式培养模式。这是指通过多元培养主体合力培养人才的模式。该模式符合培养高层次创新型科技人才的要求，也是由人才培养主体多元性决定的。《人才规划纲要》明确提出，通过产学研联盟，"共建科技创新平台，开展合作教育，共同实施重大项目等方式，培养高层次人才和创新团队"。《人才规划纲要》又在"高技能人才队伍"建设部分具体提出"大力推行校企合作、工学结合和顶岗实习"等举措，合力培养高技能人才。

第二，实践式培养模式。这是指通过让受教育者在实践行动中磨炼成长的培养人才模式。该模式符合人才成长规律性的要求。人才学表明，人才成长是以创造性实践作为中介的内外诸因素相互作用的综合效应。其中创造实践在人才成长中起决定性作用，具有第一位的决定性意义，没有创造实践，就没有人才及其发展。这对培养应用型人才尤为重要。何况，实践式培养模式，也是集聚和培养创新型人才有效经验的运用。对此，《人才规划纲要》多次强调，在论述"突出培养造就创新型科技人才"时指出"加强实践培养，依托国家重大科研项目和重大工程、重点学科和重点科研基地、国际学术交流合作项目"，又在阐述"实施产学研合作培养创新人才政策"时，进一步提出"实行人才＋项目"的培养模式。可见，在创造实践中培养创新型人才的模式，既具有科学性又具有实效性，是创新型人才培养模式的全局性突破。

第三，探究式培养模式。这是指以发现和探索问题为核心的人才培养模式。该模式符合创新型人才本质属性的要求，也是创新型人才成长理论的具体运用。勤于思考，善于"知疑"，这是科学发现的起点，也是人才成功的基础。《教育规划纲要》"人才培养体制改革"部分，在阐明"创新人才培养模式"时具体提出"注重学思结合，倡导启发式、探究式、讨论式、参与式教学"，并提出"营造独立思考，自由探索、勇于创新的良好环境"。《人才规划纲要》也指出，"探索并推行创新型教育方式方法"；"突出培养

科学精神、创造性思维和能力"。

第四,衔接式培养模式。这是指各类各层次教育相衔接培养人才的模式。该模式符合人才成长过程转化规律和人才开发系统原理的要求。人才培养须遵循由"人才源→潜人才→显人才→高级显人才"的成长转化过程。对此,《教育规划纲要》明确指出:"树立系统培养观念,推进小学、中学、大学有机衔接。"《人才规划纲要》又提出了上述的"国内培养与国际交流合作相衔接"培养模式,并提出"制定高技能人才与工程技术人才职业贯通办法"。事实上,成人高等教育领域已创造了多种教育链,包括成人高等教育与技师教育、成人高等教育与干部教育、成人高等教育与中高等职业技术教育、成人高等教育与自学考试等。

第五,开放式培养模式。这主要是指面向世界的中外合作培养人才模式。该模式不仅是培养创新型人才特别是高层次创新型人才的内在需要,而且是"培养大批具有国际视野,通晓国际规则,能够参与国际事务和国际竞争的国际化人才"的急需。为此,《人才规划纲要》指出,"开发国(境)外优质教育培训资源","支持高等学校、科研院所与海外高水平教育科研机构建立联合研发基地","建设一批海外高层次人才创新创业基地"。《教育规划纲要》强调"探索多种方式利用国外优质教育资源"等。笔者认为,要达到上述要求,一方面要进一步加大对外国教育资源的开发力度,可利用我国政府加入 WTO 时确立的教育服务方式"境外消费""商业存在""自然人流动",在总结前几年实践经验的基础上,更多地通过"联合办学""项目合作""聘用兼职""研讨交流"等多种形式,积极引进和利用外国优质教育培训资源为我所用,包括人才、资金、技术、设备等,与我国教育资源之间优势互补。另一方面,加大对外国教育培训市场的渗透力度,可利用《服务贸易总协定》(GATS)的最惠国待遇原则,运用 CS 战略,在海外建立中外合作的有特色的培训机构和基地,加大本土人才出国培训力度。

第六,特殊式培养模式。这是指对拔尖学生、特殊人才所进行的特殊培养模式。该模式,是创新型人才成长规律特殊性所要求的,也是因材施教原则的具体运用。对此,《人才规划纲要》明确提出,"建立高等学校拔尖学生重点培养制度,实行特殊人才特殊培养"。《教育规划纲要》也提出"探索高中、高等学校拔尖学生培养模式"。

四、建设新型人才培养师资队伍:创新人才培养机制之关键

培养创新型人才,教师素质是关键。创新人才培养机制,建设一支高素质、创新型教育人才队伍是保证。

第一,提升教师的创新素质。创新型学生,要由创新型教师来培养。教师创新素质的水准,直接关系到人才培养模式创新度,进而直接关系到创新型人才的培养。为此,应实施教师创新素质提升工程。《人才规划纲要》把"高素质教育人才培养工程"作为未来十年国家十二项重大人才工程之一。

第二,丰富教师的专业实践经历。应用型人才,应由实践经验丰富的专业化教师来培养。教师实践经验丰富度直接关系到人才培养机制创新的有效实施,进而直接关系到应用型人才的培养。为此,应引导和组织教师积极参与专业实践,并形成制度,使教师成为既具有系统的本专业理论素养,又具备较丰富的本专业实践经验的复合型人才。《人才规划纲要》提出,"实施高校、科研院所、企业高层次人才双向交流制度";同时,在培养高技能人才方面,《人才规划纲要》和《教育规划纲要》均强调,加强"双师型"教师队伍建设;此外,《教育规划纲要》还强调"深化教师教育改革,创新培养模式,增强实习实践环节","完善教师定期到企业实践制度"。

第三,建设多结构性教师群体。为适应人才培养体制机制的创新,满足创新型人才、应用型人才,特别是高层次、高技能人才培养的需要,教师群体特别是高校教师群体应是多类型、多序列、多层次、多结构性的。为此,《人才规划纲要》和《教育规划纲要》均强调"推行产学研联合培养研究生的'双导师制'"。《教育规划纲要》还具体提出,"聘任(聘用)具有实践经验的专业技术人员和高技能人才担任专兼职教师";"吸引世界一流的专家学者来华从事教学、科研和管理工作","提高高等学校聘任外籍教师

的比例"。

五、改革人才培养质量评价制度：创新人才培养机制之保证

实践证明，人才培养质量的评价，具有价值判断功能、规范导向功能、诊断调控功能、强化激励功能。概言之，人才培养质量评价，可检验人才培养机制创新的成效，促进人才培养机制创新和发展，即"以评价促创新发展"。

第一，更新人才培养质量观。要科学而有效地改革人才培养质量评价，首先要更新人才培养质量观，这是改革的前提。从哲学高度来看，质量观是指一定社会中人们所要遵循的一种价值准则。所谓价值准则，即客体对主体需要的满足。人才培养质量观也不例外。其客体为人才培养机构；主体为国家、社会、用人单位、受教育者等。人才培养质量高低，即指作为客体的人才培养机构所提供的教育培训产品和服务，满足作为主体的国家、社会、用人单位和受教育者需要的程度。可见，这里所讲的"需要"应是多方面的：既有人才培养系统内部的需要，包括教育达标、学科发展、受教育者成长等，又有人才培养系统外部的需要。

就满足教育系统内部需求而言，相应的就有"内适性质量"和"个适性质量"。前者是指人才培养机构遵循教育规律，其教育活动所产生的结果达到教育目标规定要求和学科发展内在逻辑要求的程度，即教育目标达成度；后者是指人才培养机构遵循教育规律和人才成长规律，其教育活动所产生的作用和影响对促进受教育者个人成长的程度，即个体发展的促进度。

从满足人才培养系统外部需要而言，相应的就有"外适性质量"。其指人才培养机构所提供的教育培训产品和服务，适应国家、社会及用人单位需要的程度，即社会需要的适应度。

概言之，人才培养质量应是内适性、个适性、外适性三者的整合统一，也即教育目标达成度、个体发展促进度、社会需要适应度的辩证统一。忽

视其中某一方面质量,均是不完整的人才培养质量观。

第二,树立多元评价主体的理念。基于上述的人才培养质量观,可见,人才培养质量评价主体必然是多元的。事实也证明,个适性质量的高低,受教育者本人最有发言权;内适性质量的高低,教育行政部门和人才培养机构的领导、专家、教师最有发言权;外适性质量的高低,用人单位、人才市场最有发言权。据此,上述的部门、机构、单位、个人均是人才培养质量评价的主体。

第三,建立政府、学校、社会、受教育者联合评价制度。以上述的质量观和理念为依据,对任何人才培养活动质量进行价值判断,均应是上述多方面的判断意见的总和,而不能仅以教育部门和机构为评价主体,更不能以其意见为唯一的依据。对此,《人才规划纲要》专门提出了"建立社会参与的人才培养质量评价机制";《教育规划纲要》则提出了"开展由政府、学校、家长及社会各方面参与的教育质量评价活动"。

总之,创新人才培养机制,是一场深刻的教育变革。只有完成这场深刻的教育变革,我国才能培养出一批又一批创新型人才和实用型人才。

主要参考文献:

[1] 国家中长期人才发展规划纲要(2010—2020 年)[M].北京:人民出版社,2010.

[2] 国家中长期教育改革和发展规划纲要(2010—2020 年)[M].北京:人民出版社,2010.

[3] 叶忠海.大学后继续教育论[M].上海:上海科技教育出版社,1997.

[4] 叶忠海.中国成人教育创新和发展的若干基本问题的探讨[J].湖北大学成人高等教育学报,1999(05):13-19.

(本文发表于《人事天地》,2010 年 11 月。)

应用型人才培养和高等继续教育改革

《人才规划纲要》指出，当前和未来我国人才培养开发的目标要求，"突出培养创新型人才，注重培养应用型人才"。《教育规划纲要》也明确提出"重点扩大应用型、复合型、技能型人才培养规模"。可见，党和国家把应用型人才培养提高到了前所未有的高度。

一、应用型人才及其培养的意义

（一）应用型人才的概念

中国人才学界认为，创造性、进步性、社会历史性是人才的本质属性。其中，应用型人才是指具有一定的知识和技能，以其创造性劳动，直接为生产或服务领域作出较大贡献的人。其包括两个层次：一是能把科学原理转化为工程设计、工作规划、运行决策的"工程型"人才；一是在生产或服务一线运用智力技能或操作技能，能把工程型人才的设计、规划、决策转化为物质形态产品或具体的服务行为的"技能型"人才。

（二）应用型人才的本质属性

事物的本质属性，即该事物质的规定性。质的规定性的改变，就是对该事物的否定。实践证明，直接有用性是应用型人才的本质属性。其反映在职业活动领域内，体现为职业针对性和职业应变性的辩证统一。应用型素质，既包括具体特定的职业活动的知识和能力，又包括职业应变和转换的知识和能力。

（三）应用型人才的基本特征

研究表明，应用型人才有如下基本特征：① 从职业岗位而言，具有一线性特征。应用型人才处于生产或服务域的第一线。② 从智能结构而言，具有技术技能精湛性特征。特别是其中的高层次工程型人才和高级技能型人才，具有精湛专业技术技能，能发现和解决工程或生产或服务操作中的难题。③ 从功能作用而言，具有转化性特征。应用型人才具有能将科研成果转化为现实生产力的功能。其包括：工程型人才能将科研成果转化为工程设计等功能；技能型人才能将工程设计转化为物质产品等功能。④ 从满足需求而言，具有适应性强特征。应用型人才上手快，动手能力强，适应期短。

（四）应用型人才培养意义

从应用型人才的概念、本质属性和基本特征，不难看出，应用型人才培养具有多重的意义：① 从国家层面来说，注重培养应用型人才，是经济发展方式转变、产业结构转型升级、实现创新驱动发展战略的必然要求；是科研成果转化为现实生产力，加快现代化进程的必然要求。② 从学校层面来说，注重培养应用型人才，是我国地方高校转型为应用技术类高校及其发展的必然要求。③ 从高等继续教育性质和特征来说，注重培养应用型人才，是高等继续教育的生产力社会属性和工学结合整体性的基本特征所规定的。可见，注重培养应用型人才，是高等继续教育的时代使命和内在规定性。为适应并有效完成这个时代赋予的重任，高等继续教育的改革势在必行。

二、高等继续教育改革与发展要遵循规律

辩证唯物主义表明，任何事物的产生和发展，都有其规律性，不论其发展的具体进程如何，最终都不可能摆脱客观规律。作为特殊事物的高等继续教育的改革和发展也不例外，其同样受社会主义市场经济规律、人才成长规律和教育基本规律的制约。其改革实践活动要自觉遵循规律，符合规律性。这是高等继续教育改革和发展的科学依据。

（一）要遵循社会主义市场经济规律

市场的"无形之手"对高等继续教育改革和发展起调节作用，对其资源配置起决定性作用。其实质是市场的供求机制、价值机制、竞争机制在发挥作用。就前者调节作用而言，高等继续教育的产品——培养的人才，数量如何、质量怎样、有否竞争力、能否满足社会需要，均要受到市场的供求、价值、竞争三大机制所检验。检验的结果反作用于高等继续教育的实践活动，要求高等继续教育改革和发展作出相应的调整。据此，高等继续教育改革和发展须遵循和运用市场规律。

（二）要遵循教育基本规律

教育学表明，任何教育都受人的身心发展规律所制约，高等继续教育也不例外。成人的身心发展规律左右着高等继续教育实践活动。高等继续教育改革和发展要以成人的社会属性、发展任务、心理成熟水平、认知心理特点以及学习心理意向为依据，这样才能提高改革和发展的科学性和实效性，从而有效地培养应用型人才。

（三）要遵循人才成长规律

教育的根本目的是培养人，高等继续教育的根本目的是培养应用型人才，因而人才成长规律从根本上规定着教育实践活动。要科学而有效地培养人才，就得遵循人才成长基本规律和原理。人才学研究表明，人才成长和发展，是以创造实践为中介的、内外诸因素相互作用的综合效应。其中，内在因素是人才成长和发展的根据，外部因素是人才成长和发展的必要条件，创造实践在人才成长和发展中起决定作用。高技能人才的精湛技艺，解决操作中疑难问题的创造才能，不是靠读书本读出来的，而是经过长期的职业熏陶、无数次的岗位实践磨炼，逐渐积累而形成的内在的深刻而真切的体验。高度的实践性，是应用型人才成长和发展的特征。

根据人才成长基本原理和规律，应用型人才的成长特点以及当前高等继续教育培养应用型人才的问题症结，高等继续教育改革要将着力点，放在加重实践教学份量上，将实践环节加重为实践板块，并着力实现与理论教学板块的深度融合,以此带动高等继续教育改革和发展。

三、高等继续教育改革的理念和思路

人才培养是一项复杂的教育系统工程,随着高等继续教育培养目标由学术型人才转向应用型人才,教育教学全过程将发生系列转变,以适应培养目标转型的需要。至少应把握解决下列诸基本之点:

(一) 要转变办学理念

思想指导行动,有怎样的办学理念就有怎样的办学行动。调查表明,当前高等继续教育办学者,要克服传统的办学情结。其主要表现为攀高求全、重学轻术、轻视一线实践、追求精英化教育等等。要充分认识应用型人才对于社会主义现代化建设的重要作用,树立培养应用型人才的历史使命感和社会责任感,这是高等继续教育改革的思想基础。

(二) 探索"多角色"的学员身份

多维的社会角色,是成人的社会属性。在高等继续教育领域内,其反映为在职学员不仅是本单位的员工和成人高校的学员,还应是实践基地的实习人员;非在职学员,不仅是成人高校的学员,还应是育人企业的实习员工。这是高等继续教育改革的基本标志。

(三) 创新"双主体"或"多主体"育人体制

实践板块要成为高等继续教育两大板块之一,必须突破传统的育人体制,创造新的育人体制。建立学校与企业、学校与科研院所的育人共同体,建立和完善产学研一体化育人体制。该体制应在"共同"上下功夫。共同制订人才培养方案和计划;共同实施"实践教学"管理和考核;共同建设教学和管理团队等。这是高等继续教育改革的关键。

（四）实施"双重"教学板块

实施理论教学与实践教学并重。这不仅是培养应用型人才所必需，也是由高等继续教育学员社会心理特征所决定的。他们是社会生产和生活的直接承担者，其发展任务带有确定性、现实性的本质特征，决定了高等继续教育学员对"学以致用"的追求，这就要求建立理论教学与实践教学交织的课程体系，积极探索"交替式""循环式""回归式"等多种模式的深度融合，有机形成以"工学结合整体性"为特征的教学共同体。这是高等继续教育改革的中心问题。

（五）实施"双导师"教学指导

要实施"双重"教学板块，仅靠校内力量显然是不够的，应建立由校内教师与育人企业工程师、技师共同组建专兼结合的专业教学团队。理论教学和考核，主要由学校教师组织实施；实践教学和考核，主要由企业人员组织实施；毕业综合考核，由双方共同承担。在职人员的教育培训，还可聘请有本专业特长的学员担任学习辅导员。这是高等继续教育改革的基本保障。

（六）建立"多证合一"的专业认证体系

高等继续教育学员是社会生产和生活直接承担者，具有多维的社会角色，因而他们更强调教育的实效性。为了满足高等继续教育学员的需求，实现高等继续教育改革效益最大化，要积极探索国内学历、国际学历、培训、职业资格、学位等多种证书同时获取的专业认证体系。高等继续工程教育，应积极参与国际工程教育认证，建立国际实质等效专业认证体系。这是高等继续教育改革的动力和成效。

四、对高等继续教育院（校）的挑战

上述的系列改革，显然对高等继续教育院（校）带来了多方位的挑战。一是对院（校）领导群体的挑战。院（校）领导群体素质，包括办学理念、教改能力等要适应教育教学转型的要求。其中，特别是院（校）长，应成为教改的领军人才和总设计师。不仅如此，院（校）的治理结构要作改革，由多元育人主体共同设立理事会，共商育人的大事并统筹协调育人的重要事项，以适应育人体制的变革。

二是对院（校）内部管理体制机制的挑战。① 院（校）内部组织机构的调整。实践表明，院（校）应新设置"研究与发展""对外联络"等部门；② 运行机制改革，对内实施以"团队管理"为基础的运行机制，对外实施联合协商的运行机制，以适应并促进培养目标转型所带来的"多元主体"育人体系、"多证合一"专业认证体系等系列改革和发展。

三是对院（校）教学和管理队伍的挑战。对院（校）人员素质的挑战涉及教育、教学、管理的理念、知识和能力等方面。实践证明，应对挑战的举措有：① 建设学习型院（校），通过内外结合的多种途径和形式，加强员工学习和研修。② 以科研引领，实行科研与教学、科研与管理之间紧密结合，提升员工综合素质及教学、科研、管理水平。③ 实施院（校）与企业、院（校）与科研院所、院（校）与地区之间人员互聘、双向挂职、合作研发等措施，建设兼备应知应会智能结构、高素质的专业教学和管理队伍。

四是对院（校）基础建设的挑战。出于历史原因，普通高校继续教育学院和独立设置成人高等学校，在一定程度上不适应"实践板块"的教学。为适应"实践板块"的教学要求，院（校）势必要加强该方面建设，包括软件建设和硬件建设。软件建设，是指制度文化建设，包括从制度政策层面提高从事实践教学教员的地位，使其由"教学辅助人员"系列回归到"教学人员"系列，专业技术职称评定及其相应待遇，应与教学科研人员同等对待。整个院（校）要营造重视实践、尊重实践教学教员的文化氛围。硬件建设，是指专业实践教学必需的基础设施和条件，这对于独立设置的成人高等学校是十分必要的。

总之，高等继续教育院（校）要认真学习《中共中央关于全面深化改革若干重大问题的决定》、《教育规划纲要》和《人才规划纲要》以及相关部门联合出台的深化教育改革的系列文件，总结反思以往工作，从本院实际出发，制订院（校）未来五年应用型人才培养方案及院（校）改革和发展规划。

主要依据文献：

［1］国家中长期人才发展规划纲要（2010—2020 年）［M］.北京：人民出版社，2010.

［2］教育部等六部门关于印发《现代职业教育体系建设规划（2014—2020 年）》的通知［J］.职业技术教育，2014(18)：50-59.

主要参考文献：

［1］叶忠海.人才科学开发研究［M］//叶忠海人才文选.北京：高等教育出版社，2009.

［2］叶忠海.普通人才学［M］.上海：复旦大学出版社，1990.

［3］叶忠海.成人高等教育学（叶忠海学习与教育文选之四）［M］.上海：同济大学出版社，2011.

（本文发表于《职教论坛》2015 年 8 月，后中国人民大学复印资料《成人教育学刊》2016 年第 1 期全文转载。）

人才战略

04

人才战略的若干基本问题

本文对人才战略的若干基本问题加以探讨。

一、战略概念的演变

（一）"战略"一词的由来

"战略"一词来自军事领域,最初指的是军事战略。战略的本义,就是从事战争的战略。在我国,该词作为军事术语,最早出现在公元 3 世纪末西晋史学家、军事家司马彪所著的《战略》一书中,是"战略"一词在军事领域中的最早运用。就我国而言,军事战略思想集中在兵书之中。其中的代表有《孙子兵法》《吴子兵法》《孙膑兵法》《司马法》等。但这些典籍谈到战争战略时,通常用"计""谋""策""术""略"等词。

而西方国家的"战略"一词则源于希腊文的"strategicon"。英文"strategy"(战略)一词就是由"strategicon"衍生而来。公元 579 年,东罗马帝国(拜占庭帝国)皇帝毛莱斯编了一部军事教科书 *Strategicon*,意为"为将之道",为培训高级将领之用。有人认为,这是西方对"战略"一词的最早使用。

（二）军事战略的内涵

现代社会,人们对军事战略概念的认识,最具代表性的有如下多种:

英国军事理论家利德尔·哈特在《战略论》一书中认为,"战略是一种分配和运用军事手段以求达到政治目的的艺术"。

《美国军语辞典》对"战略"的解释为"运用一国武装力量,通过使用武力或以武力相威,达成国家政策的各项目标的艺术和科学"。

苏联军方在《军事战略》一书中指出,战略是"关于为一定阶级利益服务的战争,即武装斗争规律的科学知识体系"。

我国伟人毛泽东在《中国革命战争的战略问题》一文中指出,"战略问题是研究战争全局的规律的东西",突出了战略的全局性、规律性,指出战略是着眼于全局的整体筹划。

尽管各国、各战略学派对"战略"政治属性及其概念的表述各不相同,但仍不难发现,完整的现代军事战略概念应包含下列基本要素:战略行为的主体;战略行为的范畴;战略行为的目的和任务;战略行为的手段等。

(三)"战略"概念的衍义

之后,"战略"概念被广泛应用于社会诸领域,由此产生了"战略"概念的衍义。

一是应用于政治领域——政治战略。政治斗争与军事斗争紧密相连,战争被视为政治的继续。很显然,军事战略被应用于政治领域,形成政治战略。不仅如此,有的战略理论学者认为,基于军事战略是为政治目的服务的,因而政治战略是处于军事战略之上,甚至包含军事战略的总体战略。这种总体战略,又称为大战略。其立足于国家安全,又被称为国家安全战略。

二是应用于经济等社会领域——经济战略、经济社会战略。随着时代变化,和平与发展成为世界的主题。战略概念又运用于经济领域,产生了经济发展战略。然而,经济发展不是孤立的,其涉及科技、文化、教育、生态等社会领域,于是又出现了经济社会发展战略。该战略立足于发展,因而又简称发展战略。发展战略与安全战略的融合趋势,又称为广义大战略。

三是应用于企业(行业)领域——企业(行业)战略。相对于宏观领域的战略概念的衍生,微观领域则集中反映在企业(行业)战略。企业(行业)是市场竞争的主体,激烈的市场竞争滋生和发展企业(行业)战略。该战略,对外是竞争战略,对内则是企业(行业)经营发展战略。

综上所述,战略发展至今,形成了军事战略、政治战略、经济社会发展战略和企业(行业)战略等多种主要形态。这些形态尽管在理论研究上分别属于军事学、政治学、经济学和管理学的范畴,各自有不同的概念、理论和研究方法,形成了各有特色、相对独立的战略理论,然而,他们源于同根,相互借鉴,相互促进,共同构成了整体性的战略理论体系。

二、人才战略的定义、性质和特征

(一) 人才战略的定义

国外没有人才概念,因而也没有人才战略的概念,与之相近的只有人力资源战略。该战略主要是作为企业战略的子战略而出现的,因而主要研究的是企业人力资源战略。代表著作为美国詹姆斯·W.沃克的《人力资源战略》,该书认为"人力资源战略是使人力资源管理与企业战略内容一致的手段"。

中国人才学界关于人才战略有以下代表性观点:

人才学创始人、中国人事科学院原院长王通讯研究员在所著的《人才资源论》一书中认为,"人才战略是关于人才资源发展的全局利益和长远利益的谋划","人才开发战略指的是以人才开发为途径,推进社会经济发展的总谋划、总构思。"

中国组织人事报社原副社长丁向阳在《人才竞争战略》一书中认为,"人才战略是战略主体基于内外形势和总体战略的要求,对人才资源发展和人才开发和管理活动全局的整体谋划"。

笔者认为,上述两位对人才战略的界定,均是较为科学的定义,但仍可以完善:一要反映"战略"的本质特点,以区别于一般人才规划;二要反映人才战略的基本特征,以区别于其他战略;三要反映构成人才战略的基本要素,包括战略行为的主体、性质和特点、目的等。据此,人才战略指的是"战略主体以总体战略和人才规律为依据,为促进人才的科学发展所进行的全局性、长远性的整体谋划"。

该定义明确了下列问题：一是反映了"战略"的本质特征——全局性、长远性的整体谋划；二是反映了"人才战略"的基本特征——以总体战略和人才规律为依据；三是反映人才战略的目的——促进人才的科学发展，从而促进经济社会可持续发展。

（二）人才战略的性质和定位

关于人才战略的性质和定位的问题，应把握下列三个要点：

第一，人才战略是国家、区域、企业发展总体战略框架下的一个专门战略，即两级战略、子战略。

第二，人才战略尽管是总体战略下的子战略，然而是构成总体战略的首要战略、核心战略，或称第一子战略，是诸多发展战略的制高点。

第三，人才战略是人才工作领域牵头抓总的引导性战略。

（三）人才战略的基本特征

相对于人才规划、人才策略、人才计划而言，人才战略基本特征可以归纳为"三个突出"：

一是突出战略的谋略性。正如前述，战略的本质是全局性、长远性的整体谋划。要做好整体谋划，必须要有人才战略的谋略性加以支撑。战略的谋略性，是人才战略本质的要求和体现。

二是突出发展的竞争性。就广义的"战略"而言，"战"就是对抗、竞争，战略本质上是竞争的产物，是关于竞争的谋略。当今世界，人才竞争日益激烈，人才战略的竞争性也越来越突出。大多人才发展战略，同时也是竞争战略。人才战略，对内是人才的发展战略，对外是人才的竞争战略，是竞争战略与发展战略的辩证统一，充分体现了人才战略突出发展的竞争性的特征。

三是突出思维的战略性。思维，是谋略和发展的基础。要使人才战略具有深远谋略性、发展竞争性，必然要求战略主体要有战略思维，并以战略思维指导人才战略的制定，以及将战略思维渗透到人才战略诸方面。可见，突出思维的战略性是人才战略的基础性特征。

（四）人才战略与策略、规划的关系

第一，人才战略与策略的关系。正如前述，人才战略是战略主体所制定的一定历史时期内人才发展的全局性整体谋划，而人才策略则是实现该战略目标而采取的手段。策略是战略的一部分，其服从于战略，并为达到战略目标服务。战略与策略，反映为全局与局部、长远利益与当前利益之间的辩证关系。不仅如此，战略在一定历史时期内具有相对稳定性；而策略则不然，具有较大的灵活性，表现为在战略原则许可的范围内，随着情况变化而相应地变换。

第二，人才战略与规划的关系。人才战略与人才规划是具有内在联系的不同概念。内在联系，即指两者共同之点。在理论层面上，两者均是为了实现"两个发展"：人才的科学发展；国家地区、行业企业可持续发展。在工作层面上，两者的基础均要对人才及其开发加以评析。战略是制定规划的导引和基础，规划是战略的具体化落实。两者缺一不可，融合于战略规划制定之中。

此外，二者仍是不同的概念，即指战略与规划有差异之处。在理论层面上，其一，战略思维是人才战略的本质特征和表现形式，而一般性人才规划并不具备。换句话说，战略较之规划更具有前瞻性、预见性、创造性。其二，深谋远虑是人才战略的基本特征，而一般性人才规划不尽具备。换句话说，战略较之规划站得更高，看得更深远。在工作层面上，预测人才需求及配置人才结构，是制定人才规划必需的步骤（环节），而人才战略并不一定具备该步骤。换句话说，战略较之规划带有抽象性。

三、人才战略的要素构成、表现形式和体系

（一）人才战略的要素构成

参照军事战略构成要素，人才战略由下列基本要素构成：

战略主体。即人才战略的制定者和实施者。具体是指各级政府、行业企业单位等。

战略范畴。即人才战略行为的范畴，指人才战略实施的范围。具体

指全国地区、行业企业组织等。

战略目标。即人才战略预计达到的目标,包括人才资源发展目标(数量、质量、结构、布局、效能等)、人才开发工作目标(具体是指人才开发全过程各环节目标)。人才开发工作目标是为实现人才资源发展目标服务的。

战略方针。指人才战略的指导方针,包括人才战略的指导思想和原则,是对人才战略的方向性指引和原则性要求。

战略措施。即实施人才战略目标的基本措施,包括实施的基本路径、主要对策、运行机制、管理体制等内容。战略措施是战略方针的具体化,既要目的性、针对性、实效性强,又要体现开拓性、创新性,对今后人才工作有指导性意义。

战略过程。人才战略实施的过程是战略的时间表现形式。其包括时间跨度、阶段程序。

(二) 人才战略的表现形式

战略思维。即从全局、长远视角,站在战略高度,深谋远虑地整体谋划发展的思维类型。它是战略理念、战略智慧、战略思维方式的总称。战略思维是制定和实施人才战略的思想基础,也是人才战略的灵魂,贯穿于人才战略的始终和各方面。

战略规划。即体现战略思维的人才规划。从思维层次视角来说,其是最高层次的人才规划。人才战略规划与一般人才规划的区别,不在于规划时间的长短,而主要在于所制定的人才规划是否体现战略思维。

战略行为。即实施人才战略规划,实现人才战略目标的行动。广义上说,战略行为不仅限于人才战略实施,应包括人才战略的制定——实施——达标的全过程。

(三) 人才战略的体系

从系统论角度来看,人才战略也是系统,是一个多序列、多层次、多形式的立体网状结构体系。

多序列。按各类人才划分，有政治人才、军事人才、经济人才、科技人才、教育人才等各类人才战略。

多层次。包括全球人才战略、国际人才战略、国家人才战略、地区人才战略、行业企业（组织）人才战略。

多形式。包括人才的战略思维、人才的战略规划、人才的战略行为。

序列人才战略、层次人才战略、形式人才战略相互交叉，你中有我，我中有你，交织成一个立体网状结构的人才战略体系。

四、人才战略规划的制定

（一）人才战略规划制定的多学科理论基础

理论是战略的基础，对于人才战略也不例外。人才战略规划的制定，是一项跨多种学科的复杂系统工程。除涉及人才学、战略学、系统工程、管理学、数学等学科外，不同层次的人才战略规划的制定，还涉及不同的学科。国家、地区人才战略规划的制定，还涉及政治学、经济学、社会学；企业人才战略规划的制定，又涉及企业战略管理、企业人力资源管理学等。不同类型的人才战略规划的制定，还涉及各自的专门领域及其人才学。如军事人才战略规划的制定，就涉及军事学和军事人才学；教育人才战略规划的制定，就涉及教育学和教育人才学。

（二）人才战略规划制定的指导思想

树立人才战略规划制定的时空观。世界万事万物运动均离不开一定的时间和空间，作为特殊运动形式的人才发展总是在特定的时空条件下，受该时空条件的制约，体现该时空的特征。从时间角度来看，人才战略规划制定应体现该战略时间跨度的特征。从空间角度来看，人才战略规划制定应体现该战略的地区空间的特征。

树立人才战略规划制定的科学发展观。首先，将"以人才为本"的理念作为制定人才战略规划的指导，充分体现人才是目的、人才是主体、人才是尺度、人才是过程等思想。其次，以"统筹兼顾"思想为指导制定人才战略规划,统筹协调人才发展与经济社会生态发展,统筹协调全区域、分区域、地域单元之间,以及分区域之间、地域单元之间的人才发展。

树立人才战略规划制定的全局观和服务观。人才战略规划是二级战略规划。制定人才战略规划应有全局观念,应将其置于整个国家、地区、企业发展总战略之中,并综合考虑与其他子战略规划的平衡和协调。不仅如此,人才战略规划的制定,还应树立服务并服从于整个国家、地区、企业的可持续发展的观念。

树立人才战略规划制定的规律制约观。任何事物运动,均受其规律所制约。人才发展,受人才规律所制约。人才成长和发展过程及其规律性,应成为制定人才战略规划的理论依据。换句话说,规律制约观应成为人才战略规划制定的指导思想之一。

(三) 人才战略规划制定的原则

目的性原则。即所制定的人才战略规划必须以达到预期的特定目标为原则。具体而言,一是促进国家、地区、企业(行业)的可持续发展;二是促进人才的全面发展。人才战略规划的制定,有其明显的方向性、目标性的特点。

客观性原则。即制定的人才战略规划必须以符合客观实际并自觉能动地把握客观趋向为原则。从本质上讲,战略是人脑对客观事物发展的主观反映,因而制定人才战略规划既要符合客观实际,又要把握客观趋向。

整体相关性原则。即制定的人才战略规划必须以系统的整体相关性为原则。制定人才战略规划,是一项复杂的社会系统工程。作为系统工程,就得遵循系统论的整体相关性原理。即整体与要素、要素与要素、系统与环境之间的整体联系统一性。基于此,制定人才战略规划,既要考虑人才战略规划内部诸要素之间整体联系统一,又要考虑人才战略规划与其他战略规划之间协调平衡。

人才发展与经济社会发展相对应原则。即制定人才战略规划必须考虑人才发展与经济社会发展相匹配的原则。就人才与经济关系而言,一方面,人才发展是经济发展的关键因素,制约着经济的发展;另一方面,包含生产活动的经济开发活动,又决定着人才开发活动。两者应协调发展。

五、人才战略规划实施的关键——战略人才

规划总是要依靠人去落实,人是实现规划目标的关键。同理,人才,尤其是战略人才,是实现人才战略规划目标的关键。所谓战略人才,是指兼具战略素质与创新素质,能以其创造性劳动,为国家及地区、企业及行业作出战略性发展贡献的复合型人才。就具备战略素质而言,战略人才应具有战略思维,具备全局性、长远性的整体谋划能力,以及制作人才战略规划(方案)的技能等。就具备创新素质而言,战略人才应具有创新意识、创新创造能力和创新品格等。在这里,还特别强调战略人才应是作出战略性发展贡献的人才。

正如前述,人才战略是多序列、多层次、多形式的。为满足我国人才战略发展的需要,必须建立起一支多类型、多层次、强有力的战略人才队伍。为此,要从如下方面加以努力:

一是着力在战略性创造实践中加以造就。人才学研究表明,创造实践在人才成长和发展中起决定性作用。人才类型是由人才创造实践的性质和领域决定的。基于此,造就战略人才,最为重要的是让人才在参与承担重大的战略性项目的创造实践中成长和发展。

二是着力在全程教育培训中加以培育。人才成长和发展有个过程,一般人才转化发展为战略人才,尤其是高端战略家更有一个较长的过程。这就要求人们在"接受全程教育培训过程中应注重战略素质和创新素质的培养"。在基础教育阶段,有意识地给予受教者智能的"复合维生素",培育受教者的"战略基因""创新基因"。在高等教育阶段,采用跨学科大类培养机制,培养受教者系统思维和综合思维等。在大学后继续教育和研究生教育阶段,结合项目,采取科研指导式,有针对性地培养受教者战略和创新素质。

三是着力形成老中青相结合的战略人才梯队。如上所述,战略的本

质是全局性、长远性的整体谋划。要实现战略发展目标,特别是中长期战略发展目标,需要由几代人接力。基于此,为满足战略发展目标实现的需求,必须要有老中青相结合的战略人才梯队。在人才战略规划中,必须高度重视对老中青相结合战略人才梯队的建设,并有切实的战略性举措。

主要参考文献:

［1］吴春秋.大战略论[M].北京:军事科学出版社,1998.

［2］王通讯,李维平.人才战略论[M].北京:党建读物出版社,2004.

［3］丁向阳.人才竞争战略[M].北京:蓝天出版社,2005.

［4］吴江.人才强国战略论[M].北京:党建读物出版社,2008.

［5］[英]利德利·哈特.战略论[M].北京:战士出版社,1981.

［6］叶忠海.人才地理学概论[M].上海:上海科技教育出版社,2000.

［7］叶忠海.人才资源优化策略[M].上海:上海人民出版社,1996.

（本文系笔者于2019年给华东师范大学人力资源研究方向研究生讲授"人才战略"课程讲稿节选。）

高端引领是人才队伍建设的战略重点

　　"高端引领、整体开发"是《人才规划纲要》确定的指导方针,体现了我国人才队伍建设的基本布局。其中,高端引领是人才队伍建设的战略重点。本文仅就该主题加以分析论述。

一、高端人才是人才队伍建设的重中之重

　　所谓高端引领,是指充分发挥各类高层次人才在经济社会发展和人才队伍建设中的引领作用。在这里,"高端"是一个综合的概念,特指各类高层次人才的总称,并非专指科技人才。具体而言,高端人才,是指对社会某领域某方面的发展作出卓越贡献,并处于领先地位,正在发挥引领和带头作用的高层次人才群体。其包括高水平的哲学社会科学专家、政治家、科学家、工程技术专家、优秀企业家、教育家、文学艺术家、技能大师、社会工作专家等。

　　那么,为什么说高端引领是人才队伍建设的战略重点? 可从下列四个方面加以分析:

　　第一,从人类文明史来看,高端人才引领着社会历史发展。人类社会文明史表明,高端人才在各自的领域,以不同的途径和形式,引领着社会历史发展。思想家以革命理论为群众的自发运动指明方向和道路;政治家、革命家以正确领导带领群众促进社会变革和发展;科学家、工程技术专家以创造发明促进科技发展和生产力水平提升;文学家、艺术家以文艺作品鼓舞和振奋人民群众的革命斗志和精神状态;教育家以教育劳动培

养一代又一代的事业接班人,等等。这正如列宁所说:"历史的必然性的思想也丝毫不损害个人在历史上的作用,因为全部历史正是由那些无疑是活动家的个人的行动构成的。"①

第二,从当代中国建设史来看,高端人才是建设社会主义强国关键中的关键。新中国成立以来,特别是改革开放以来,科技领域取得了一系列诸如"两弹一星"、"载人航天"、杂交水稻、陆相成油理论和应用、高性能计算机、人工合成牛胰岛素、基因组研究等令人瞩目的重大成就,这些无不是紧紧与钱学森、袁隆平、李四光、王选等一批科技大师联系在一起的。他们是科技创新的领军人物,在其中起着关键支撑作用。正所谓有一流大师,才会有一流成果。特别在今天,我国要建设创新型国家,其关键是提升自主创新能力。而自主创新能力的载体是人才,特别是其中的科技领军人才。笔者研究表明,科技领军人才有着优秀的内在素质:高目标的成就动机、非凡的战略思维、优化的智能结构、坚韧的个性心理特征、独特的人格魅力等。有了这样一批领军人才,才能把握主攻方向,创新团队才能善战,艰难险阻才能突破,关键领域才能攻克。可见,人才是社会主义强国建设的关键,而其中尤为重要的高端人才的培养造就及其引领,则是社会主义强国建设中关键中的关键。

第三,从人才队伍建设来看,高端人才对人才队伍建设起着不可替代的主心骨作用。具体有以下表现:

一是培植科研精神。笔者对上海市 287 名学术带头人的调查表明,科技领军人才高目标的成就动机,建立在正确的价值观上:对社会需要的满足和创造上;自我价值的实现上;对国家、民族真挚的情感上。这种成就动机的价值取向和高尚的科技道德,无疑为广大科技人才树立了标杆,起着示范榜样作用,也为其带领的团队培育核心价值观。不仅如此,一个团队开放、民主、自由的学术精神,也与领军人才的倡导并践行密不可分。闻名世界科技史的"哥本哈根精神",就是在量子理论创始人、诺贝尔物理学奖获得者 N. H. D. 玻尔任哥本哈根大学理论物理研究所所长时培植

———————————

① 列宁选集第 1 卷[M].北京:人民出版社,1995:26.

的。他积极打造开放、自由、宽容的研究所学术生态,欢迎世界各国学者特别是年轻学者到研究所不受限制、自由地交流一切学术思想和成果,鼓励他们不受权威和传统理论的束缚进行独立思考,以宽容心态包容不同的思想和观点,由此构成了哥本哈根精神的重要组成部分,该研究所也成为当时众望所归的世界上最活跃的学术中心之一。在该所成立的最初十年里,就有 17 个国家的 63 位学者到该所做访问学者或从事研究工作,涌现了几位诺贝尔自然科学奖获得者。

二是把握方向。以科技领域为例,研究方向是科技团队的生命,直接关系到团队的生存和发展。科技领军人才是科技战略家和组织家,长期在本科技领域的前沿拼搏,对本领域发展的世界动向和战略方向最为熟悉、最有发言权,因而能带领团队进行科学定向和定位。例如,我国超级杂交水稻研究位居世界前列,分子标记育种处于国际领先水平,这得益于"杂交水稻之父"袁隆平带领其团队把握研究方向,从提高水稻杂种优势利用水平的角度提出杂交水稻的育种战略。实践证明,他提出的杂交水稻的育种从选育方法上分为三系法、两系法和一系法三个发展阶段;从杂种优势水平的利用上分为品种间、亚种间和远缘杂种优势的利用三个发展阶段,为进一步开展杂交水稻新探索指明了方向。

三是师承效应。高端人才不仅对本领域攻关能做到运筹帷幄,而且又与本团队人员朝夕相处,攻关在第一线。这既直接提升了团队人员的层次和水准,又影响着人员的成长类型。在师承效应影响下,形成了"师徒型人才链",即同类才能的人才在师徒之间连续出现的现象。最为典型的是,英国剑桥大学卡文迪许实验室师徒型人才链:J. J. 汤姆森、卢瑟福两位教授一共培养了 17 位不同国籍的诺贝尔自然科学获奖者。在我国,师徒型人才链在各专业领域均有涌现。例如,数学家人才链:苏步青——谷超豪——李大潜;熊庆来——华罗庚——陈景润等。

四是晶核凝聚。正如前述,领军人才有着独特的人格魅力,这种魅力即领军魅力。其来源于领军人才的思想品格、创新能力和领军才能,致使他们的感召力、影响力在创新团队中能形成一种心悦诚服的心理认同感,从而加强团队的凝聚力,构成了各专业领域的人才团。最为典型的是我国体育界在体育领军人才——金牌教练亲自训练和指导下,形成了世界顶级乒乓球、体操、跳水、羽毛球、射击等领域人才团。

可见,高端人才是人才团队的"晶核"、"灵魂"和"舵手",决定着人才团队的结构,进而决定着人才队伍的功效、发展与兴衰,因而高端人才培养造就及其引领,是人才队伍建设的重中之重。

第四,从我国人才队伍结构来看,针对当前我国高端人才严重不足的现状,尤为需要实施这样的战略。据统计,2008年我国高层次创新型科技人才只有1万人,高层次自主创业人才仅占创业人才总数的20%。又据2010年全国人才资源统计,尽管我国高技能人才已占技能劳动者的25.6%,比2008年增长1.2个百分点,但仍与发达国家40%的比例相差较大。可见,现实也决定我国应以高层次人才和高技能人才开发为重点,引领人才队伍建设。

二、加快培养造就高端人才的思考

当前如何培养造就高端人才呢?可从如下方面思考:

第一,加快推进富有活力的国家创新体系的建设。其中,特别要注重知识创新体系和技术创新体系之间形成一个有机整体,建立多种形式的产学研协同创新的战略联盟。

第二,积极营造高端人才创造实践舞台。给予高端人才发展空间、实践机会、自主控制和组建团队权、必要支撑条件等。特别对造就高层次创新型科技人才而言,一方面,要依托国家重大科研项目和重大工程、重点学科和重点科研基地、国际学术交流合作项目等作为创造实践舞台,在创造实践中培养造就一批高层次科技领军人才。另一方面,要建立和完善国内培养和国际交流合作相衔接的开放式培养体系,支持高等学校、科研院所与海外高水平教育、科研机构建立联合研发基地,以培养造就一批世界水平的科技领军人才。

第三,加大科技创新的投入。当今世界公认的创新型国家都有着强有力的科研经费投入,R&D投入强度一般都在2%以上。其中,以色列高达 4％以上，瑞典、日本、芬兰均超过了 3.5％。我国 2010 年 R&D 投入强度只达到 1.76％。不仅如此，R&D 的总投入中，基础研究投入只占 5％左右，远远低于国际上创新型国家 12％以上的水平。据此，我国要真正实施人才投资优化政策，不仅要将 R&D 投入强度提高到 2％以上，且要较大幅度地提高基础研究投入的比例，把追求原始性科技创新作为科技发展基本的战略取向。

第四，注重营造开放、自由和宽容的学术环境和保护机制。应允许和保护研究人员提出与权威人士不同的声音，鼓励创立新学派、新流派；以制度形式建立宽容机制；进一步健全知识产权保护制度，要克服在科研项目领衔权和科研成果优先署名权的"官本位"现象。

第五，建立和完善高端人才智能更新的长效机制。高端人才要在本领域保持领先地位起引领作用，必然要不断地汲取知识和更新智能。据笔者对学术技术带头人的调查，他们最需要"充电"的内容包括：① 本专业的前沿理论和知识；② 刚刚露头的新技术和工程实践；③ 与本专业相关的综合知识。最希望"充电"的形式包括：① 与外国专家合作研究；② 同行研讨；③ 专题讲座；④ 自学。据此，我们要建立和完善适合高端人才需要，体现高端人才特点的智能更新制度。

第六，健全适应社会主义市场经济体制的激励机制。一是进一步完善以高端人才命名的创新成果占有制；二是建立和完善与自主创新成果价值相对应的分配机制，人才所创造的新增价值应体现在收入分配之中；三是完善人才资本及科研成果的有偿转移制度，当前要进一步解决人才资本隐性部分的量化问题。

第七，完善高端人才的健康保障体系。当前，要研究解决有突出贡献的中青年专家健康保障问题。

三、充分发挥高端人才引领作用的途径和形式

如何发挥高端人才在人才队伍建设中的引领作用呢？实践证明，可采取多种途径和形式：

第一，组建创新团队式引领。以创新团队为载体，高端人才在带领团队实现创新目标过程中，发挥晶核凝聚作用，培植团队的科研精神，形成和发展具有自身特色的创新团队。

第二，研究项目式引领。以项目为平台，高端人才在实施项目过程中，发挥把握科研方向作用，通过攻克科研的难关，提升本团队的科研水平和层次，形成"师徒型人才键"，引领团队发展。

第三，研修指导式引领。举办研修班，以研修班为载体，使高端人才在组织团队人员研修过程中，发挥启发引领作用，让本团队人员在短时期内了解和掌握本领域国内外发展的背景、前沿和动向，本团队所处的位置，以及今后发展的方向和着力点，从而拓宽视野，提升境界，激发团队人员的使命感、责任心和创造活力。

第四，成果交流展示式引领。以成果交流和展示为平台，高端人才通过成果交流展示活动，让团队认清本领域进展的动向和前沿，引领团队一方面看到进步，树立信心；另一方面，找出差距，激励团队持续发展。

第五，评审鉴定式引领。以评审鉴定成果为抓手，高端人才通过成果的评审签订，组织业内专家，评定本团队的工作，肯定成绩，指出不足，指引团队人员的未来发展方向和着力点，促进其继续前进。

主要依据文献：

［1］国家中长期人才发展规划纲要（2010—2020 年）［M］. 北京：人民出版社，2010.

主要参考文献：

［1］叶忠海. 科技领军人才成长和开发研究［M］//叶忠海人才文选·专门人才研究. 北京：高等教育出版社，2009.

（本文系作者接受《中国组织人事报》记者采访，在访谈稿基础上形成本稿，发表于 2012 年 6 月 18 日《中国组织人事报》。）

新时代中国人才发展战略与人才开发新思考

辩证唯物主义认为,任何事物的发展,均离不开一定的时空条件,总是导因并受制于特定的时空环境。一个国家和地区的发展,均打上所处时代深深的印记。

一、中国人才发展战略的新时代背景

党的十九大确立了中国发展新历史定位——中国特色社会主义进入新时代。党的十九大报告指出:"中华民族迎来了从站起来、富起来到强起来的伟大飞跃。"这个"伟大飞跃"正是新时代基本的动态特征,这个"强起来"正是新时代的基本标志。

"强起来",对内体现为两个"全面"、两个"实现",即全面建成小康社会、全面建设社会主义现代化强国,逐步实现全体人民共同富裕,奋力实现中华民族伟大复兴中国梦;对外体现为进入世界舞台中央,为解决人类问题提供中国智慧和中国方案,不断为人类作出更大贡献。

建设人才强国是中国"强起来"的基础性的关键工程。要"加快建设人才强国",就得在原有的人才规划基础上,思考新时代人才发展趋势,研究人才发展的战略取向。

二、新时代中国人才发展的战略

(一) 人才发展的创新化战略

21世纪,人类社会进入以创新能力为主导的知识经济和信息化智能化时代。人才的创新能力在综合国力提升中发挥的作用越来越大。经济社会发展和财富增长取决于人才创新能力对物质开发的深度和广度。

未来三十年,中国要"加快建设创新型国家",要打造世界创新高地。创新的载体、核心和活力在于人才,创新型国家的建设,世界创新高地的打造,必然要求实施人才发展创新化战略。

(二) 人才发展的国际化战略

当今世界,经济全球化加速发展,带动全球化趋势向全方位深入发展。全球化趋势催生人才发展国际化。人才发展国际化已成为不可逆转的时代潮流。

在习近平新时代中国特色社会主义思想指引下,中国要在国内外深刻复杂变化的形势下,坚持对外开放的基本国策,坚持打开国门搞建设,形成全面开放新格局,建设面向世界的开放大国,积极促进"一带一路"国际合作,推动构建人类命运共同体。

习近平总书记于2014年5月22日在同外国专家座谈会上讲话中指出:"一个国家的对外开放,必须首先推进人的对外开放,特别是人才的对外开放。"[1]在这样的时代背景下,实施人才发展国际化战略是题中应有之义。其包括人才构成国际化、人才素质国际化、人才流动国际化、人才开发国际化、人才环境国际化、人才效益达到国际化水准。要以人才发展的国际化战略支撑国家对外开放基本国策,支撑中国特色社会主义现代化建设。

---

① 习近平关于人才工作论述摘编[M].北京:中央文献出版社,2016:36.

（三）人才发展的信息化、智能化、数字化战略

当前，整个世界信息技术高速发展，正在形成和发展信息化、数字化生产力。在信息化、数字化生产力推动下，人类社会正在发生深刻变革，开始由工业社会向信息社会转变。世界各国特别是发达国家，正在为适应和促进这一历史性转变做各方面准备，其中特别是信息化、数字化、人才的准备。在中国，当前及今后将进一步推进信息化、数字化建设。以信息数字技术广泛应用为主导，以信息数字资源为核心，以信息数字网络为基础，以信息数字产业为支柱，以信息化、数字化人才为依托，以信息数字法规政策为保障的综合体系，以实现网络强国、数字中国为目标，推动互联网、大数据、人工智能和实体经济深度融合，并渗透到社会生活各领域。在整个经济社会信息化、数字化背景下，人才发展战略必然打上深深的信息化、数字化烙印。

在智能化方面，新一代人工智能正在全球范围内蓬勃兴起，为经济社会发展注入新动能，深刻改变了人们的生产生活方式。推动高质量发展，创造高品质生活，保障城市安全高效运行等，均需要人工智能全面赋能。2017年7月，中国政府印发《新一代人工智能发展规划》。2018年9月，在上海召开了2018世界人工智能大会。习近平总书记致信祝贺，强调共同推动人工智能造福人类。2019年5月，他给国际人工智能与教育大会的贺信中又指出："人工智能是引领新一轮科技革命和产业变革的重要驱动力量"[①]。可见，发展人工智能，建设智能社会，代表着未来发展趋势，推进人工智能是人才发展战略的一大谋划。

（四）人才发展的城乡一体化战略

"三农"问题是中国全面建成社会主义现代化强国的重点、难点和关键之点。党的十九大首次将"乡村振兴战略"作为党和国家基本战略之一。

---

① 习近平致2018世界人工智能大会的贺信[EB/OL].(2018-09-17)[2018-09-20]. http://www.gov.cn/xinwen/2018-09/17/content_5322692.htm.

2018 年 1 月,中央发布了一号文件《中共中央国务院关于实施乡村振兴战略的意见》,提出到本世纪中叶(2050 年),要实现"乡村全面振兴、农业强、农村美、农民富全面实现"的目标。为此,中央提出,"建立健全城乡融合发展体制机制和政策体系","培养造就一支懂农业、爱农村、爱农民的'三农'工作队伍"。很显然,这给新时代中国人才发展指明了"城乡一体化"的战略取向。

三、新时代人才发展战略对人才开发的新要求

(一) 要将创新型人才培养造就放在更为突出的地位

创新型国家建设和世界创新高地打造,需要实施创新驱动发展战略,而"创新驱动实质上是人才驱动"。建设强大的创新型人才队伍是上述目标之关键所在。当前创新型人才的培养造就需着重解决下列问题:

第一,进一步牢固树立人才创新自主性的意识,充分发挥人才创新过程中的自主作用,特别要充分发挥科技领军人才的引领作用。要允许科研人才自由畅想,容忍在科学问题上的"异端学说",不要用行政化的"参公管理"约束科研人才。

第二,进一步破除阻碍人才创新的体制机制政策,建立和完善人才创新的有效制度体系。

第三,切实落实高校创新创业教育,建立专业教育与创新创业教育相融合的教学体系。培养大学生强烈的创新意识、出众的自主创新能力、显著的创造品格。

第四,进一步给予人才特别是潜人才创新的实践机会、发展空间和必要的条件保障。

第五,营造人才创新的良好发展环境。形成全社会创新文化,包括创新物质文化、创新制度文化、创新精神文化等。

(二) 要高度重视国际化人才的培养造就

要实现人才发展国际化战略,造就一支国际化人才队伍是关键。《教

育规划纲要》指出，国际化人才是指"具有国际视野、通晓国际规则、能够参与国际事务和国际竞争的国际化人才"。笔者在 20 世纪 90 年代、21 世纪初就国际化人才素质作了持续研究。优秀的国际化人才应具备下列特征性素质：① 具有宽广的全球视野和思维方法；② 熟悉和掌握本专业的国际知识和技术；③ 熟悉、掌握并能运用本行业的国际惯例；④ 具有独立的国际活动能力和较强的国际竞争力；⑤ 具有良好的以非母语为基础的跨文化沟通能力；⑥ 具有临危不惧、荣辱不惊的心理素质；⑦ 具有广博的文化素养，特别是对与业务活动有关的国家和地区的政治、历史、文化知识有较多的了解。

要培养造就国际化人才，国内外经验表明，应从如下方面努力：

第一，营造有利于国际化人才成长的良好环境。该环境包含：社会境域高度开放，实行来去自由的人才开放政策；学术文化兼容并蓄，趋于多元化、融合化；信息网络覆盖全球；人才市场国际化机制发育成熟；教育培训面向世界；社会民众开放素质普遍提高，等等。

第二，加大教育培养改革外向度。建立和完善国内培养与国外交流相结合的衔接式办学体制，加大体制改革的力度；在自然科学、工程技术领域内，建立国际同一性、综合性的课程内容，加速人才培养的融合度；多渠道多形式发展境外合作办学，加大办学模式的国际合作度；加强学术文化的交流，加大国际学术活动的参与度。

第三，加大国际经贸活动参与度。一方面，提高对外国市场的渗透，加快企业国际化进程，实行跨国经营，让更多的企业人员到海外企业（公司）任职，在国际市场的大风大浪中锻炼成长。另一方面，扩大对外国企业的开放，积极与外国公司（企业）合作，让更多的企业人员或在中外合资企业参与管理，或在外资企业工作，在与外商合作和交往中，吸收外国先进的技术、管理思想和经验。

（三）着力开发信息化、数字化、智能化人才显得尤为紧迫

人才是信息化、数字化建设的关键力量，是推动信息化数字化持续发展的决定因素。新时代大量信息化、数字化建设以及人才开发工作信息

化、数字化,必然要求着力开发大量的各类高素质信息化、数字化人才。其包括信息化、数字化研发人才,信息化、数字化应用人才,信息化、数字化普及人才,信息化、数字化管理人才等。为此,要着力培养信息化、数字化人才特征性素质:强烈的信息化、数字化意识,扎实的信息化、数字化知识,较强的信息化、数字化能力和优良的信息化、数字化道德品质。

人工智能发展历程表明,掌控人工智能发展的主角始终是人,尤其是人工智能人才。尽管中国近年来人工智能人才培养工作进展很快,但仍存在较大的缺口,特别是顶尖人才尤为稀缺。因此,人工智能人才开发尤为紧迫。要着力开发人工智能人才,除政府加强领导、做好规划、明确任务外,当前要切实解决如下问题:

第一,要建立和完善多方相关部门和单位,以及相关领域专家共同参与的人工智能人才培养专项小组,协助政府进行顶层设计和规划。

第二,要打破目前专业过于细分的现状,形成多学科交叉融合的大类培养机制。

第三,要深化产教融合、产学合作,在与产业发展融合中协同培养人工智能人才。

主要依据文献:

[1]习近平.决胜全面建设小康社会　夺取新时代中国特色社会主义伟大胜利[M].北京:人民出版社,2017.

[2]国家中长期人才发展规划纲要(2010—2020年)[M].北京:人民出版社,2010.

主要参考文献:

[1]叶忠海.人才学与人才资源开发研究[M].北京:党建读物出版社,2015.

[2]张立迁.人工智能发展的关键在"人"[N].中国教育报,2018-04-27.

(本文系2018年10月9日在中国浦东干部学院举办的海南班上讲课内容的一部分。)

人才社会开发体系的构建和运行动力

　　人才开发,不仅要在微观上科学探索人才的自主开发和组织开发,还必须在宏观上科学把握人才的社会开发。本文就人才社会开发体系的构建和运行动力,作了多方位的系统论述。

一、人才社会开发的系统观

(一) 系统论是构建人才社会开发体系的理论基础

　　构建人才社会开发体系,首先要科学理解人才社会开发体系,并认识和掌握其理论基础,这是构建该体系的前提和基础。

　　系统论是关于研究一切系统的模式、原理和规律的科学,是 20 世纪中叶形成和发展起来的一门具有方法论性质的综合学科。其主要创立者是美籍奥地利生物学家贝塔朗菲(L. V. Bertalanfy)。他于 1947 年发表《一般系统论》。系统论是现代科学技术体系中彻底改变世界科学图景,使当代科学家思维方式发生革命性转变的最富有意义的成果之一。它向人们提供了一种跨越学科界限,从整体上分析和处理问题的新范式、新思维和新方法,已经在自然科学、军事科学、社会科学等领域得到了广泛的应用。

　　"系统"的概念,是系统论最基本的概念,指的是若干个相互有关的要素,按一定的方式构成具有特定功能的有机整体。宇宙中的任何一个客观事物都是以系统形式存在和发展着的。系统无处不在,无处不有。

（二）人才社会开发体系的整体相关性

体系，即系统；人才社会开发体系，即人才社会开发系统。所谓人才社会开发系统，是指一个国家或地区根据社会发展规律、人才成长与发展规律，为达到一定人才开发目标，所构建的各类各层次人才开发的有机综合系统。这是一项复杂的社会系统工程。

既然人才社会开发体系是有机综合的人才社会开发系统，其构建就得遵循系统论的基本原理——整体相关性。所谓整体相关性，即系统的整体与部分、部分与部分、系统与环境之间的整体联系统一性。因此，构建人才社会开发体系，就应以系统论的整体相关性原理来思考该体系的架构。具体来说，人才社会开发体系的架构，既要考虑人才社会开发的"整体与部分""部分与部分"的整体联系统一性，又要考虑人才社会开发的"系统与环境"的整体联系统一性。前者，即人才社会开发系统内部整统性；后者，即人才社会开发系统与外部社会环境的协调性。

可见，人才社会开发体系的架构由上述两部分构成。就人才社会开发系统内部整统性而言，即构建纵向衔接、横向沟通、纵横整合的整体化人才社会开发系统；就人才社会开发系统与外部社会环境的协调性而言，即构建的人才社会开发体系，必须与外部的经济、科技、教育、社会环境相协调发展。概言之，人才社会开发体系的架构，应是纵向衔接、横向沟通、纵横整合、内外协调、整体优化的人才社会开发结构。因此，人才社会开发体系绝不是构成人才社会开发诸要素的简单相加，更不是仅仅发展人才教育培训就能一蹴而就。科学地构建人才社会开发体系，不仅要培育各种人才社会开发的要素，更重要的是，要把构建的功夫下在上述的"衔接""沟通""整合""协调""优化"上。

二、人才社会开发体系内部整体化的架构

（一）人才社会开发体系的纵向衔接

纵向衔接，是指遵循人才成长与发展规律上下连接，持续不断地开发人才，强调人才社会开发过程中连续的各个阶段和层次之间有机的内在

联系。人才社会开发的纵向衔接,既包括人才培养体系的纵向衔接(见图1),又包括不同层次人才开发的纵向衔接(见图2)。

如图1所示,要使各学段人才教育培养能够有效衔接,首先要树立系统培养观念,以系统观念统筹小学、中学、大学直至就业等各个环节,形成人才培养的有效机制。要遵循教育规律和人才成长规律,统筹编制各学段之间教育目标和教学要求的衔接、课程体系的衔接、教学内容的衔接、考评的衔接等,积极探索衔接式人才培养模式。支持有条件的高中与大学、科研院所合作开展创新型人才培养研究与试验,建立创新型人才培养实验基地。

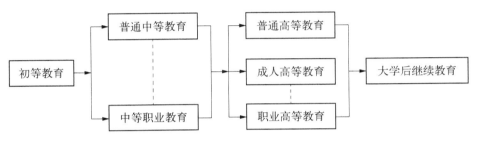

图1 各学段人才教育培养的衔接示意图

注:图中的实线"——"为该示意图纵向衔接的主示意线;虚线"- - -"为该示意图非纵向衔接联系线。

如图2所示,要解决各层次人才开发的衔接,政府应委托行业协会制定本行业不同层级人才的岗位职务标准,并设计相应的继续教育课程内容;各企事业单位要制定和实施人才开发一体化的方案和制度,并与员工的职业生涯发展相结合,以利于员工的可持续发展。

图2 各层次人才开发的衔接示意图

(二)人才社会开发体系的横向沟通

横向沟通,是指遵循系统的整体相关性原理,使人才社会开发系统内部的各行业、各类型、各区域之间人才开发互相沟通,建立起整体化的开发体系,改变诸人才社会开发之间相互隔绝的状态,提升人才社会开发的整体效益优化。

人才社会开发的横向沟通,主要反映在:① 不同类型人才社会开发的横向沟通(见图3);② 不同产业行业人才社会开发的横向沟通(见图4);③ 不同区域人才社会开发的横向沟通(见图5)。

如图3、图4所示,要解决不同类型、不同行业人才社会开发的横向沟通,即整体化开发体系问题,可从培训性开发、使用性开发两个方面加以探索和实施。从培训性开发的横向沟通而言,既有政策规定问题,又有专业认定问题;从政府角度,要建立继续教育互认的政策制度,凡同专业同层次的课程应相互认可;从行业专业角度,要建立专家认定组织,对各项教育培训的互认进行审定认可。从使用性开发的横向沟通而言,首先要提高其沟通必要性与重要性的认识,提升其沟通的自觉性。此外,要出台相关的政策法规及其实施细则。我国要切实落实《国家中长期人才发展规划纲要》颁布的十大人才重大政策之一:"实施推进党政人才、企业经营管理人才、专业技术人才合理流动政策"。完善不同类型、不同行业人才

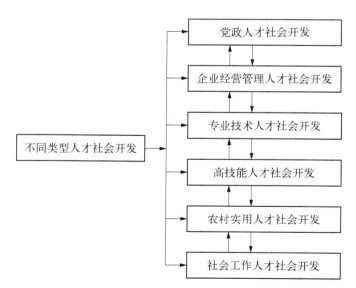

图3 不同类型人才之间社会开发的横向沟通示意图

之间交流和挂职锻炼制度,打破人才身份、单位、部门和所有制限制,营造开放的用人环境。还要具体解决人才流动中产生的新问题、新矛盾,例如,要切实解决党政机关人才向企事业单位流动的社会保险关系转移接续等问题。

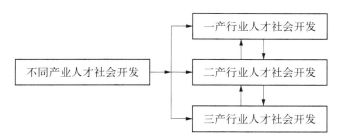

图4 不同产业行业人才社会开发的横向沟通示意图

如图5所示,要解决不同区域人才社会开发的横向沟通,即建立整体化开发体系问题,对我国而言,一方面应采取人才开发区域统筹战略:建立健全东、中、西部地区统筹兼顾人才开发的长效机制。具体来说,应从如下方面努力:① 统筹规划东、中、西部地区人才开发;② 建立"以东带西"开发人才的内在机制;③ 建立健全区域之间各种协作组织和平台;④ 加大对中西部地区的投入扶持力度;⑤ 积极支持民族地区人才开发,等等。另一方面,应继续推进区域人才开发一体化的进程。如长江三角洲人才开发一体化、珠江三角洲人才开发一体化,环渤海地区人才开发一体化等。具体来说,应把握如下基本思路:① 进一步强化区域内人才开发的整体性观念;② 以区域经济开发一体化推进人才开发一体化;③ 以构筑人才市场一体化为核心,推进区域人才开发一体化;④ 着力营造新的共同利益生长点,推进区域人才开发一体化;⑤ 形成和实施政府功能性机构与跨地区权威机构相结合的规则式协调机制,推进区域人才开发一体化。

又如图5所示,要解决城乡人才社会开发的横向沟通,即建立整体化开发体系问题,基于我国总体上已进入以工促农,以城带乡的发展阶段,因而城乡人才整体性开发可采取"以城带乡"战略,充分发挥城市辐射性、

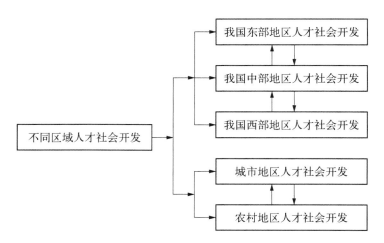

图5　不同区域人才社会开发的横向沟通示意图

示范性、服务性等功能。实践证明,建立健全"以城带乡"人才开发长效机制的基本举措有:① 加强对"以城带乡"人才开发工作的领导;② 统筹规划城乡的人才开发;③ 建立各种"以城带乡"的协作组织;④ 以合作项目落实并深化"以城带乡";⑤ 多渠道多形式加大城市对农村的辐射,等等。

三、人才社会开发体系的内外协调架构

(一)内外协调的基本内涵

此处的内外协调是指人才社会开发系统与外部环境系统的协调发展。其包括人才开发和发展要与经济转型和发展、科技变革和发展、教育改革和发展、政治体制改革和发展、社会建设和发展相协调,见图 6。

(二)人才社会开发与经济转型发展的协调问题

研究表明,人才与经济有着紧密的内在关联,两者呈高度相关。一方面,表现为人才社会开发对经济变革和发展具有促进性,人才开发活动通过培养造就人才推动经济变革和发展;另一方面,又表现为人才社会开发对经济变革和发展具有依存性,即经济变革和发展是人才开发与发展的物质基础,又对人才社会开发提出了客观要求,包括数量规模、质量规格、

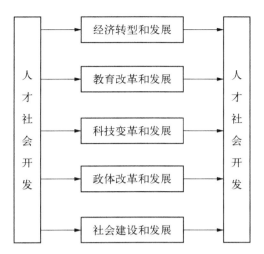

图 6　人才社会开发系统与外部环境系统的协调发展

专业结构、空间布局、实施步骤等。

　　为达到上述协调发展的目标,基本思路包括以下几方面:一是人才发展规划与经济发展规划应协调;二是发挥人才市场机制的基础性作用;三是产学研合作培养人才;四是建立人才—经济开发区,等等(见图 7)。

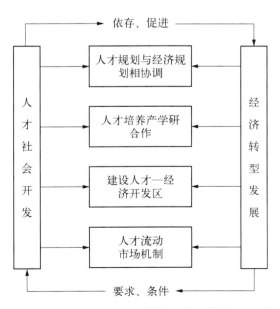

图 7　人才社会开发与经济转型发展的协调示意图

（三）人才社会开发与教育改革发展的协调问题

研究表明，人才与教育之间呈现高度相关性。教育是人才发展的基础和前提，人才是教育的目的和根本，两者辩证统一于人才开发过程之中。

为达到人才社会开发与教育改革发展协调的目标，基本思路包括以下几个方面：一是强化育人为本的理念；二是人才社会开发与教育改革发展规划应协调；三是深化人才培养体制改革；四是充分发挥人才市场机制的基础性作用，等等（见图 8）。

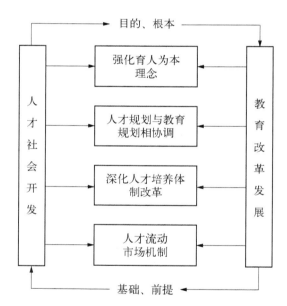

图 8 人才社会开发与教育改革发展的协调示意图

（四）人才社会开发与科技变革发展的协调问题

研究表明，人才与科技之间同样具有紧密的内在关联，特别是高层次人才、高技能人才社会开发与科学技术变革和发展之间的关联尤为突出。人才是推动科技发展的关键，特别是高层次科技人才引领着科技变革和发展；反过来，科技变革和发展是人才社会开发的动力和条件。

为达到上述两者的协调发展，其基本思路包括以下几个方面：一是人才发展规划与科技发展规划相协调;二是建立人才—教育—科技联动和融合机制;三是建设人才—科技园区;四是发挥人才市场机制的基础性作用,等等(见图9)。

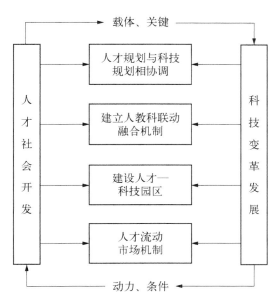

图9　人才社会开发与科技变革发展的协调示意图

(五) 人才社会开发与政体改革发展的协调问题

研究表明,人才社会开发与政治体制改革发展存在着紧密的联系。政治体制改革和发展,对人才社会开发提出了要求,是人才社会开发的动因;人才社会开发又通过提升国家公务员、管理人员以及人才的参政素质,为政治体制改革和发展奠定人文基础,推进该体制改革和发展。例如,我国实施国家行政管理体制改革,转变政府职能,这显然对政府工作人员素质提出了新要求;同时,政府职能的转变必然导致政府机构的调整和人员的精简,相当数量的原政府工作人员要调离政府机关。因此,需要调整原有的智能结构,才能适应新岗位的要求。不仅如此,今后我国政体改革要进一步推进民主化、法治化,这需要以提升全体人才的政治素养、价值观念、民主意识、法治观念和文明程度等为基本条件。这些,显然成为人才社会开发的动力因素。

为达到人才开发与政体改革发展相协调的目标,其基本思路包括以下几个方面:一是人才发展规划与政体改革规划相协调;二是建立和完善"官学研合作人才培养新体制";三是切实实施干部培训规划和条例;四是发挥人才市场的机制作用,等等(见图10)。

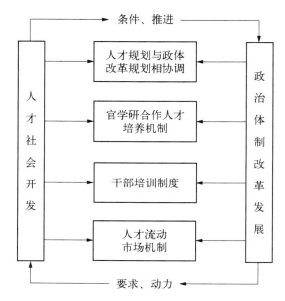

图10　人才社会开发与政体改革发展的协调示意图

(六)人才社会开发与社会建设发展的协调问题

研究表明,人才社会开发与社会建设发展密切相关。一方面,人才社会开发,通过提供大批社会工作人才支撑社会工作,从而促进社会建设和发展;另一方面,社会建设和发展对人才社会开发提出了客观要求,并提供了人才社会开发的广阔社会实践舞台。两者应协调发展。

为达到人才社会开发与社会建设发展相协调的目标,其基本思路包括以下几个方面:一是人才发展规划与社会建设规划相协调;二是建立学社融合培养人才新体制;三是建立社区教育制度;四是发挥人才市场的机制作用,等等(见图11)。

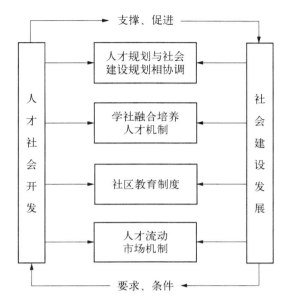

图 11　人才社会开发与社会建设发展的协调示意图

四、人才社会开发体系的运行动力

如前所述,构建人才社会开发体系是一项复杂的社会系统工程,涉及社会各领域、各方面,因而需要"六力合一",整体运行。具体而言,是指政府宏观主导力、市场调节力、行业主管力、高校教育支撑力、企事业单位主体力、社会参与力整合成统一的力量,以此构建人才社会开发体系(见图 12)。

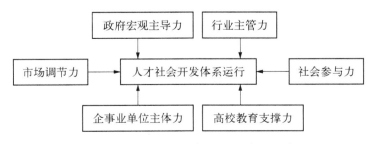

图 12　人才社会开发体系运行动力示意图

政府宏观主导力，是指政府在构建人才社会开发体系中起宏观主导作用。其具体职能包括：编制规划、制定政策和立法、统筹协调、经费筹措、督查评估等，真正由微观直接开发人才转向宏观调控和保障。

市场调节力，是指市场在构建人才社会开发体系中起基础性的调节作用。通过市场的供需、价格、竞争的内在机制，来调节人才社会开发系统与外部环境系统之间的协调发展。

行业主管力，是指行业在构建人才社会开发体系中起行业主管作用。其具体职能包括：在本行业内编制人才发展规划；制定本行业岗位规划和培训标准，组织部分高端项目培训，组织业内专家研究和实施专业的课程认定和证书认可；制定本行业专业技术人员专业职务系列标准，组织高级专业技术职务的评审；组织业内专家对科技成果评审和鉴定等。

高校教育支撑力，是指高校在构建人才社会开发体系中起人才培养主阵地作用和专业支撑作用。高校不仅应进一步开放门户，让更多的成人学习者回流到高校接受大专后继续教育，而且应积极主动地与行业（企业）合作，建立协同创新机制，培养创新创业人才；并接受政府和行业的委托，组织有关专家学者研究和实施不同类型人员和不同行业继续教育之间的专业沟通、不同层级继续教育的专业衔接问题等。

企事业单位主体力，是指企事业单位在构建人才社会开发体系中起基础性的主体作用。该作用具体体现为：① 大量的继续教育培训项目由基层企事业单位来承担；② 人才开发体系的衔接和沟通最终由企事业单位加以落实；③ 企业专业性技能性很强的岗位或特殊的工种岗位，其不同层级的培训标准和职务标准，需由企业来制定，企业是高技能人才开发的主阵地；④ 与高校、科研院所协同创新，建立产学研联盟，开发创新创业人才。

社会参与力，是指社会力量在参与构建人才社会开发体系中起着补充和完善作用。社会组织通过自身的资源（人、财、物），建立各类教育、培训、人才开发中介服务机构，使人才开发社会化、网络化，从而促进人才社会开发体系得以发育成熟。其中，社会学术团体利用其智力优势，不仅可直接承担本行业（专业）的人才开发项目，而且还可在研究和实施体系的衔接、沟通、协调方面起着专家咨询作用。

主要参考文献：

［1］叶忠海.人才资源优化的社会系统工程［M］//人才资源优化策略.上海：上海三联书店,2002.

［2］叶忠海.构建专业技术人才继续教育体系的理论基础和构架［J］.成人高等教育,2007(1)：8–10.

　　（该文是在 1996 年《构建专业人才继续教育体系的理论基础和构架》基础上,经充实于 2012 年 11 月形成,后作为《新编人才学通论》第十四章第一节,于 2013 年 9 月由党建读物出版社出版。）

人才高地

05

新时代高水平人才高地建设的若干基本问题

2021年9月,习近平总书记在中央人才工作会议上,对新时代人才工作作了全局性、长远性的整体谋划,集中体现了我国人才工作战略理念、战略智慧、战略思维方式,为新时代我国人才工作提供了指导方针和行动纲领。习近平总书记向全党和全国人民发出了"加快建设世界重要人才中心和创新高地"战略目标的号召。其中,对北京、上海、粤港澳大湾区提出了"建设高水平人才高地"的战略要求。据此,本文仅就这个主题进行探讨。

一、人才高地的内涵、特征和层级

(一)人才高地的基本内涵

人才高地,是人才的区域概念,是人才高度集约的地域类型。笔者从人才地理学视角,于1995年在上海人才高地建设项目组召开的专家咨询会上提出了"人才高地,即人才发展的极核区"。

人才地理学研究表明,极化与扩散是人才开发活动地域过程中的两个最基本侧面。一方面,在极化机制的作用下,人才高地有着强有力的吸引力,促使其他地区人才向该高地集聚;另一方面,在扩散机制作用下,人才高地又有强有力的辐射力和影响力,推动该高地人才及其影响向其他地区扩散,特别是当该高地"边际效益"导致人才"外溢"时,这种扩散尤为明显。这也是区位势能作用机制在人才流动领域的集中体现。可见,人才高地又可称为"人才发展高势能区"。

（二）人才高地的基本特征

笔者对人才高地的基本特征进行总结：

（1）人才数量分布的高密度；

（2）人才素质的高水准；

（3）人才结构的高对应；

（4）人才流动的高活力；

（5）人才产出的高效益。

该"五高"特征的提法，后被中共上海市委采纳，作为人才工作评价的基本标准。

（三）人才高地的层级

人才高地是一个区域空间概念，总是相对于一定区域范围而言的。确切地说，人才高地应是一定区域范围内的人才高地。人才高地是多层次、多能级的，一般可分为世界级人才高地、国际级人才高地、国家级人才高地、区域级人才高地等。

研究表明，人才高地的层级与它的影响力呈正向相关，层次越高，能级就越高，极化与扩散机制作用就越强，影响力就越大。

二、高水平人才高地的基本内涵

（一）高水平人才高地的定位

2021年5月，习近平总书记在两院院士大会和中国科协全国代表大会讲话中明确指出，我国要"建设全球人才高地"。可见，中央提出的京、沪、粤港澳大湾区高水平人才高地的建设目标定位在全球人才高地。

全球人才高地，是指全球范围内的人才高地，即世界级人才高地，是人才高地系列中的最高层级。它是世界范围内人才发展的极核区、高势能区,占据着世界人才活动的制高地。

(二) 高水平人才高地的功能

此处所讲的高水平人才高地的功能,是指主要的直接的功能。归纳起来,有下列四大功能:

一是高水平人才高地承载着世界一流人才的集散功能,是国际化人才的集聚和辐射中心。

二是高水平人才高地集聚着世界一流的大家、大师和创新型人才,必然是世界创新创造创业高地,甚至是世界颠覆性、标志性科技成果主要贡献地。

三是高水平人才高地是世界创新思想理论汇聚交流之地,是世界原创思想的策源地以及创新文化孕育和发源中心。

四是高水平人才高地是国际化创新型人才造就和价值实现高地。

基于上述的高水平人才高地功能的分析,可以说高水平人才高地的建设,是中国建设人才强国的重要标志,为中国建成社会主义现代化强国提供强有力的人才支撑,对推进全球人才资源开发,人类命运共同体的建设,也具有举足轻重的作用。

(三) 高水平人才高地的核心要素和标志:国际化创新型人才

区别于一般性人才高地,高水平人才高地基本的核心要素为国际化创新型人才。其是指兼备国际化素质和创新素质,能以其创造性劳动,取得人类前所未有的新颖性劳动成果,对国际社会与国家某领域发展作出某种贡献的人才。国际化创新型人才构成了高水平人才高地基本标志。归纳起来,有下列新"五高"标志:

(1) 国际化创新型人才集聚度高;

(2) 国际化创新型人才辐射度高;

(3) 国际化创新型人才开发开放度高;

(4) 国际化创新型人才创新贡献度高;

(5) 国际化创新型人才价值实现度高。

（四）高水平人才高地的顶梁柱和主心骨：战略科学家

战略科学家，是战略家与科学家的集合体，是科技界的大师、领袖和灵魂。其引领着科技发展潮流和人才队伍成长和发展。具体而言，战略科学家在科技领域顶梁柱和主心骨的作用体现在：

（1）培植科技领域的科研精神；

（2）引领科技领域的发展方向；

（3）提升科技领域的创新水平；

（4）带领科技领域的人才发展；

（5）发挥科技领域的晶核凝聚作用。

三、高水平人才高地建设的理念：以"人才为本"

习近平总书记于 2021 年 9 月 27 日在中央人才工作会议上指出，要"做到人才为本、信任人才、尊重人才、善待人才、包容人才"。笔者于 2007 年 8 月在全国人才科学开发研讨会上发言提出："以人才为本是人才科学开发的本原和核心。"具体而言，包括以下几方面：

一是要充分体现"人才是目的"的思想。这就要求高水平人才高地建设，不仅要将为我国建设社会主义现代化强国提供人才支撑作为直接价值取向，而且应以促进人才全面发展为最终价值取向，使人才的潜能得以充分开发，人才的创造才能得以充分发挥，人才的社会价值得以充分实现，从而使人才向着自由而全面的发展方向迈进。

二是要充分体现"人才是主体"的思想。既要把人才作为对象客体，更要把人才作为建设主体。充分肯定人才在建设中的主体地位，发挥人才主体能动作用。

三是要充分体现"人才是尺度"的思想。这就要明确高水平人才高地建设工作的最基本评价主体是广大人才。建设工作应倾听广大人才的呼声和意见建议，应以他们的知晓度、认同度、参与度、发展度、满意度作为衡量建设工作质量和成效的最基本尺度。

四是要充分体现"人才是过程"的思想。这就要求高水平人才高地建设,既要发挥高端人才引领作用,又要遵循人才成长和发展的基本原理和规律,着眼于高端人才形成梯队建设。

总之,以人才为本是高水平人才高地建设工作的出发点和落脚点,应将建设工作由"行政本位"转为"科学家本位""人才本位",建立和健全人才本位的建设工作体系。

四、高水平人才高地建设的战略性重点

(一) 重点之一:着力建设以战略科学家为代表的战略人才队伍

笔者曾在《人才战略的若干基本问题》一文中指出,战略人才是指兼备战略素质和创新素质,能以其创造性劳动,为国家、行业、企事业单位战略发展作出贡献的人才。此处的战略素质,主要是指具有全局性、长远性整体谋划的思维和能力。其是以战略需求为导向的人才分类。因此,战略人才是多类型、多层次的。就类型而言,各行业、产业均有战略人才,如战略科学家、战略工程师、战略金融家、战略军事家等;就层次而言,有世界级战略人才、国际级战略人才、国家级战略人才、地区级战略人才、单位级战略人才等。

正如前述,高水平人才高地要想成为科技原创思想策源地、世界创新创造创业高地及世界颠覆性、标志性科技成果主要贡献地等,就不仅要了解和掌握世界科技发展的动向和前沿,而且要有前瞻性、全局性、长远性的整体谋划。这离不开能服务于人才高地战略性发展需要的战略人才,特别是高端战略人才。因此,笔者认为战略科学家是高水平人才高地顶梁柱和主心骨,是高水平人才高地建设关键中的关键,要着力加以培养和造就。

(二) 重点之二:着力建设国际化创新型人才队伍

正如前述,国际化创新型人才是高水平人才高地的核心要素和标志。不仅如此,高水平人才高地要成为名副其实的世界级人才发展"高势能区",实现上述多方面的功能,不仅要立足和掌握世界科技发展的前沿和

最新成果，而且要在整体上或某领域加以超越，要实现这一目标同样离不开兼备国际化素质和创新素质的国际化创新型人才。

五、高水平人才高地建设的战略性举措：建立激发人才创新活力的制度体系

（一）建立和完善有利于激发人才创新活力的创造实践制度

一是建立和完善以信任为基础，以"高能为核"理念为指导，通过"揭榜挂帅""赛马制度"选拔科研攻关的领军人才制度，以及建立健全相应的责任制和目标导向的"军令状"制度。

二是在科研攻关中，充分赋予科研领军人才技术路线决定权、创新团队组团权、科研经费支配权、科研过程控制权，充分发挥人才主体能动作用，充分激发人才创新活力，充分释放人才的才华和能量。

三是各级行政组织树立为科研服务的思想，提供优质的创造实践平台和优越的支撑条件，协调相关的人际关系，营造良好的创造实践的环境，真正做到让人才无各方面的后顾之忧。

（二）改革和创新有利于开发人才创新能力的育人制度

一是建立和完善多元主体合作培养的育人体制。这对高层次创新型人才培养尤为需要。

二是创新和实施国内与境外合作的育人体制。建立国内培养和国际交流合作相衔接的开放式培养体系。

三是创新和实施跨学科育人的机制。要打通各专业、各学科之间的壁垒，形成跨学科的大类培养机制。

四是创新和实施理论与实践交织的育人机制。要有机形成以"工学结合整体性"为特征的教学共同体。

五是建立和健全适合高端人才特点的智能更新制度。研究高端人才最需要的充电内容和最希望智能更新的方式。

（三）建立和完善有利于激发人才创新活力的评价和激励制度

一是建立和探索以人才创造性为主线的人才评价制度，即建立和探索以创新素质（持有态）——创造实践（发挥态）——创造成果（转化态）为主线的人才评价体系。

二是建立和完善知识产权保护制度。要进一步具体落实完善"科技成果知识产权归属和利益分享机制""知识产权质押融资等金融服务机制""创新人才维权援助机制"等，进一步解决侵权易、维权难现象。

三是建立和完善与创新成果价值相对应的分配制度。不仅应获得"补偿价值"，而且应分享"剩余价值"。要落实"完善市场评价要素贡献并按贡献分配的机制"，实行以增加知识价值为导向的激励制度，提高科研人员成果转化收益分享比例，强化人才股权期权的激励。

四是建立和完善人才资本及其科研成果有偿转移制度。允许科研成果通过协议定价，在技术市场挂牌交易、拍卖等方式转让转化。要进一步探索人才资本隐性部分的有偿转移问题。

五是完善人才创造成功的表彰制度。实施政府表彰与学术团体表彰相结合的表彰体系。

（四）强化青年科技人才培育和造就机制

根据北京、上海、粤港澳大湾区人才高地建设的状况，要实现高水平人才高地的目标，要分两步走：第一步，建成国际级人才高地，第二步，建成全球人才高地。可见，高水平人才高地建设是个长期的高层次人才系统工程，仅仅靠现有高端的战略人才和国际化创新人才是不够的，必须形成高端的战略人才和国际化创新人才的成长梯队。据此，要强化青年科技人才培育和造就机制。

一是在人才规划制定中，要专门列出青年科技人才成长和发展的专门具体条款，由党政主要领导负责督查落实。

二是在战略科学家指导下，由青年科技人才负责承担重大的战略性项目。在重大的创造实践过程中磨炼和造就高端的战略人才和国际化创新人才。

三是创造更多的机会,让青年科技人才在国内培养与国际交流合作相衔接的开放人才培养体系中迅速成长。

四是对有特殊才能或高潜质的青年科技人才应按人制定发展规划,采取"特殊式"造就方式。

六、高水平人才高地建设的组织和理论保障

习近平总书记在中央人才工作会议上讲话指出"坚持党对人才工作的全面领导""各级党委(党组)要完善党委统一领导",这是加快建设高水平人才高地的根本组织保障。同时,又指出"组织部门牵头抓总"。这就要求组织人事部门工作与高水平人才高地建设工作相匹配。笔者建议制定并实施"组织人事工作者培训工程",使组织人事工作者成为人才工作的专门家。

加快建设高水平人才高地,给人才研究提出了新要求。一方面,中国人才学界应想党和国家所想,使人才学研究在原有研究基础上,更好地服务于党和国家的大局;另一方面,建议政府主管部门能将人才学列入交叉学科门类,提升为一级学科,助力人才学科为人才高地建设服务。

主要依据文献:

［1］习近平出席中央人才工作会议并发表重要讲话［EB/OL］.（2021－09－28）［2022－03－15］. http://www. gov. cn/xinwen/2021-09/28/content_5639868. htm.

［2］习近平. 在中国科学院第二十次院士大会、中国工程院第十五次院士大会、中国科协第十次全国代表大会上的讲话［M］.北京：人民出版社,2021.

［3］国家中长期人才发展规划纲要（2010—2020 年）［M］.北京：人民出版社,2010.

［4］国家中长期教育改革和发展规划纲要（2010—2020 年）［M］.北京：人民出版社,2010.

主要参考文献：

［1］叶忠海.构建国际人才高地指标体系的若干基本问题［M］//叶忠海人才文
选.人才地理学概论.北京：高等教育出版社,2009.

［2］叶忠海.构建全球人才高地与大学后继续教育创新发展［J］.高等继续教育
学报,2021,34(05)：1－6.

［3］叶忠海.人才学与人才资源开发研究［M］.北京：党建读物出版社,2015.

（本文系 2022 年 8 月 20 日、9 月 18 日中国成人教育协会成人高等教
育理论研究委员会第二十四届年会、长三角一体化与高水平人才高地建
设高研班上的发言稿。）

构建全球人才高地与大学后继续教育创新发展

2021年5月，习近平总书记在两院院士大会和中国科协全国代表大会上讲话中明确提出：我国要"建设全球人才高地"，并再次强调"培养创新型人才是国家、民族长远发展的大计。当今世界的竞争说到底是人才竞争、教育竞争"。本文仅就全球人才高地的核心要素——国际化创新型人才，大学后继续教育的内涵、特征，与全球人才高地构建的内在联系以及大学后继续教育的创新发展等问题逐一加以论述。

一、全球人才高地的基本要素和标志

区别于一般性人才高地，全球人才高地的基本和核心要素——国际化创新型人才，其构成了全球人才高地的基本标志：

第一，国际化创新型人才集聚度高，即国际化创新型人才分布密度高，其集中系数高出全球范围内其他区域。

第二，国际化创新型人才辐射度高，即国际化创新型人才流距跨国性强，其辐射力高于全球范围内其他区域，在全球范围内有着多方位显著的影响。

第三，国际化创新型人才开发开放度高，即全球人才高地人才开发环境外向开放度高，面向世界的全球化特征明显。

第四，国际化创新型人才创新贡献度高，国际化创新型人才创新能力强，知识创新指数、国际核心竞争力、人才资本对经济发展的贡献率等均高于全球范围内其他区域,并引领着全球经济社会、科技领域的发展。

第五,国际化创新型人才价值实现度高,即全球人才高地为国际化创新型人才施展才能提供了广阔天地和良好条件,人才的潜能开发率、人才的创造才能发挥率、人才价值实现率、人才发展速率均高于全球范围内其他区域。

二、国际化创新型人才培养与大学后继续教育的内在关系

(一) 国际化创新型人才素质的构架

所谓国际化创新型人才,是指兼具国际化素质和创新素质,能开展创造性劳动,并取得人类前所未有的新颖性劳动成果,对国际社会某领域发展作出某种贡献的人才。关于人才创新素质和国际化素质,笔者于 20 世纪 90 年代分别作了研究。在 1992 年第二届中国东南部地区人才问题国际研讨会上,笔者发表的《国际经济金融贸易中心人才总体特色和上海人才资源开发国际化》一文就对人才素质国际化的内涵作了表述,后于 21 世纪初又作了进一步阐明。笔者认为,人才国际化素质应包含下列意涵:

第一,具有宽广的全球化视野和思维方法,能将全球化视野与爱国主义精神辩证统一起来;

第二,熟悉、掌握和运用本专业的国际先进理论知识和技能以及本行业的国际惯例;

第三,具有独立的国际活动能力,特别对境外的"经济冲击""政治冲击""文化冲击"具有很强的应对能力;

第四,具有良好的以非母语为基础的跨文化沟通能力以及较强的信息选择、接收、加工处理能力;

第五,具有广博的文化素养,特别对业务活动有关的国家和地区的政治、历史、文化等知识有较多的了解。

关于人才创新素质问题,笔者于 1995 年"全国跨世纪人才素质与教育改革研讨会"上发表的《跨世纪人才素质和成人高等教育改革创新》一文中就作了表述,1997 年又在《大学后继续教育论》一书中再次作了进一

步的论述。笔者认为,从创造心理学视角来看,人才创新素质应包含下列基本要素:

第一,强烈的创新意识。其主要包括:创新的意向、兴趣和积极性;正确的创新动机,即创新的服务方向。

第二,出众的创造才能。其主要是指能产生新设想的创造性思维能力和能制作新产品的创造性实践能力的总和。

第三,显著的创造品格。其主要是指创造主体获得成功的积极心理品格,主要包括进取、自信、勇敢、坚韧、独立自主等心理品格。

(二) 大学后继续教育的内涵、性质和特点

大学后继续教育,主要是指大学后在职的专业技术人员、管理人员和高技能人员的再教育。这种教育旨在通过全面提高受教育者的整体素质,特别是其中的创新素质,培养高层次创新型专门人才,直接有效地为社会主义现代化建设服务。

关于大学后继续教育的性质,笔者于 1993 年在《第一资源论》一书中归结为下列几点:① 高层次性教育。大学后继续教育是终身教育体系中成人教育阶段的最高层次。它的对象是大学后的成人,它的着眼点是培养高层次创新型专门人才,特别是出类拔萃的顶尖人才。很显然,这种教育是一种高层次教育。② 创造性教育。创造性是人才的本质属性之一,是人才与一般人群的最基本区别,其中高层次创新型专门人才的创造性尤为突出。作为培养高层次创新型专门人才基本渠道的大学后继续教育,旨在培养受教育者的创新素质,开发受教育者创新能力,创造性显然是大学后继续教育最基本的属性。③ 新颖性教育。高层次人才的创造性,往往体现在社会、经济、科技发展的前沿和未来。要使受教育者在各领域前沿作出创造,大学后继续教育就得组织受教育者学习研究科技和管理领域的新思想、新成果和新事实,用新的创造成果武装受教育者,以及训练受教育者预测未来的智能。所有这些,均充分说明大学后继续教育是一种新颖性教育。

根据大学后继续教育的内涵、性质和宗旨,笔者认为大学后继续教育

有如下的基本特点：① 教育对象的高智能性。教育对象均具有大专及以上学历水平，有相当数量的教育对象已具有中级以上专业技术职务，有的已为社会某领域发展作出某种较大的贡献；② 教育范畴的无限性。大学后继续教育只有相对的起点即大专文化层次，而没有绝对的终点。物质世界发展的无限性决定了科学发展的无限性，从而使大学后继续教育的范畴也是无限的；③ 教育内容的先进性和前沿性；④ 教育模式的产学研整体性；⑤ 教育办学主体的合成性；⑥ 教育周期的短期性。

（三）国际化创新型人才培养与大学后继续教育具有紧密的内在关联

从国际化创新型人才的素质以及大学后继续教育的内涵、性质和特点来看，两者具有高度关联性。无论是教育的宗旨和层次，还是教育的性质和特点，大学后继续教育与培养国际化创新型人才关系最为密切、最为直接。换句话说，在终身教育体系各学段教育中，大学后继续教育相对于其他学段，承担国际化创新型人才培养任务最为直接、明显。大学后继续教育是培养国际化创新型人才的基本渠道。可见，当今中国，构建全球人才高地，培养国际化创新型人才，对大学后继续教育提出了更新、更高的要求。

不仅如此，从我国创新能力现状来看，培养国际化创新型人才对大学后继续教育要求尤为紧迫。尽管中国创新能力稳步上升，但与我国经济大国的国际地位仍不相匹配。世界知识产权组织颁布的《2020 年全球创新指数》显示，中国在全球参与排名的 131 个经济体中位列第 14 位，其中"知识创造"要素位列第 7 位，"创造绩效"要素位列第 15 位，但创新投入维度中的"人力资本与研究"要素则位列第 21 位。正如习近平总书记在两院院士大会上反复指出的："我国世界级科技大师缺乏，领军人才、尖子人才不足"；"当前，我国高水平创新人才仍然不足，特别是科技领军人才匮乏"。在战略产业领域，顶尖人才缺乏尤为明显。以人工智能领域为例，据《中国教育报》2018 年数据，我国人工智能人才缺口超过 500 万人，其中我国杰出人工智能人才总量偏低，只有 977 人，不及美国的五分之一。同时，我们还要清醒认识到，当今世界竞争尤其是科技竞争加剧，最为典型的案例即美国倾国家之力多方压制华为这家民营科技企业,卡华为的"根"技术——芯片之脖子。2015 年 5 月,美国参议院商务、科学与交通委员会又通过《无尽前沿法案》,使我国海外人才引进更加困难。在这样的背景下,要想有效地应对美国的全面遏制以及国际科技创新竞争加剧的态势,培养国际化创新型人才尤为关键,从而将大学后继续教育强化创新发展的紧迫性提高到前所未有的高度。可见,中美两国崛起与反崛起的竞争和对抗为中心的世界大变局,大大强化了国际化创新型人才培养与大学后继续教育创新发展之间的内在紧密关联性。

三、大学后继续教育创新发展的战略思考

总的来说,大学后继续教育创新发展,要以爱国主义精神为灵魂,以人才的创新能力和国际化素质开发为主旋律,进一步深化教育教学体制机制改革,创新教育教学模式,高质量培养国际化创新型人才,为全球人才高地构建奠定坚实的人才基础。

(一)深入开展创新教育,加大人才创新能力开发的力度

指导思想进一步明确大学后继续教育实质上是创新教育。这是由上述大学后继续教育的基本属性所决定的。据此,将创新教育贯穿于大学后继续教育全过程及其各环节各方面,应成为大学后继续教育界教育教学实践活动共同的认知基础。

要将创新教育聚焦点落实到人才创新能力开发上。从教育视角而言,这是由创新教育基本任务所决定的。关于创新教育的基本任务,笔者于 1995 年在"跨世纪人才素质与教育改革"研讨会上就提出:"创新教育基本任务在于激发受教育者的创新意识,训练受教育者的创造才能,培养受教育者的创造个性。"之后,在多个场合反复强调。1997 年,笔者又在所著的《大学后继续教育论》一书中就该问题作了较为系统而深入的论述,明确提出创造力开发,即创新能力开发,包括创造性思维能力和创造性实践能力的开发,是创新教育的基本任务。创新意识,是创造性思维的内在

驱动力,是创新能力开发的前提;创造个性,是创新能力开发成功所需的积极心理品格,创新能力开发是创新教育的中心问题。可见,创新教育的基本任务归结到一点,即创新能力开发。基本任务明确了,心往一处想,劲往一处使,使教育教学实践活动聚焦于人才创新能力的开发。

实施"交织"与"交叉"的教学体系。所谓交织,即指理论教学与实践教学相互交织,积极探索"回归式""交替式""循环式"等形式,寻求理论与实践的深度融合,有机形成以"工学结合整体性"为特征的教学共同体。所谓"交叉",即指学科交叉,开展围绕专业主题的跨学科教学,让受教育者吸收"智能复合维生素",以利于形成以复合型智能结构为特征的创新能力。

研究与探索多种创新教育教学模式,主要有:

(1)渗透式。即把创新能力开发渗透到整个教育教学每个时空的人才培养途径、方式和方法。该模式使教育教学活动处于创新环境之中。这是基于大学后继续教育的短期性特点所主要采用的教育教学模式。渗透式教育教学模式又可分为:① 学科式渗透。即将创新教育教学渗透到每门课程内容教学之中,努力使创新教育教学与各科专业教育教学有机融合在一起;② 活动式渗透。即将创新教育教学渗透于每项活动特别是专业活动之中,以利于受教育者在自身的专业领域创新能力的开发。

(2)科研指导式。即创新教育与科学研究相融合的人才培养途径、方式和方法。在指导受教育者完成科研目标过程中施以创新教育。其实质是以科学研究带动教育教学,以教育教学促进科学研究。该模式是笔者通过亲身实践,在所著的《大学后继续教育论》一书中提出的。科研指导式教育教学模式有下列特点:一是以科研为主轴,沿着科研过程开展创新教育;二是以科研目标为中心,创新教育均紧紧围绕中心而展开;三是能力本位,该模式重在系统地训练受教育者科研能力,特别是创造性思维和创造性实践能力。此类教育教学模式,一般按科研过程基本阶段来划分教育教学环节,包括选题环节、准备环节、调研环节、信息处理与分析环节、科研成果成型等。

(3)专门式。开展专门的创新能力训练的人才培养途径、方式和方法。一是训练受教育者创造想象,积极开展思维活动,增加表象储备和运用原型启发等;二是训练受教育者辐射思维,有针对性地拓展受教育者的知识面,以及多维的思维方法。在专门的创新能力训练中,开设的基础性理论课程和基础性应用课程或系列讲座,一般可分为两大类:一类是创造课程。其中,基础性理论课程或系列讲座有"创造学""创造心理学"等;基础性应用课程或系列讲座有"创造工程学基础""创造性思维训练""工程师创造力开发"等。另一类是未来课程。其包括纯未来课程和带有未来倾向的课程,以及预测未来的原理和方法等。

(4)实践式。由受教育者在实践行动中感悟和磨炼成长的人才培养途径、方式和方法,也称行动式人才培养模式。该模式由人才成长规律性所要求。人才学表明,创造性实践在人才成长和发展中起决定性作用,具有第一位的决定性意义。这对培养创新型人才尤为如此。《人才规划纲要》多次强调,培养造就创新型科技人才要"加强实践培养,依托国家重大科研项目和重大工程、重点学科和重点科研基地、国际学术交流合作项目"等,并具体提出实施"人才+项目"的培养模式。

(5)开放式。采用面向世界的中外合作培养人才的途径、方式和方法。该模式是培养国际化创新型人才的内在需要。正如《教育规划纲要》所指出的,通过该模式"培养大批具有国际视野,通晓国际规则,能够参与国际事务和国际竞争的国际化人才"。

(二)加大大学后继续教育改革的外向度,进一步加快大学后继续教育国际化步伐

(1)办学模式。多渠道、多形式开展境内外合作办学,加大办学模式的国际合作度。一方面,要进一步加大对外国优质教育资源开放力度,可充分利用我国政府对成人教育的"商业存在"服务方式的开放,以及"境外消费"和"自然人流动"等服务方式进一步放开的契机,通过联合办学、项目合作、聘用兼职、研讨交流等多种形式,进一步积极引进和利用优质的国际教育资源,包括资金、人才、技术、设备等,与我国教育之间优势互补,为我国培养国际化创新型人才所用。另一方面,加大对外国教育培训市

场的渗透力度，可利用《服务贸易总协定》(GATS)的最惠国待遇，运用 CS 策略，在海外建立中外合作的有特色的培训机构和基地，加大本土人才出国培训力度。具体可采取下列模式：合作式、引进式、外派式、网络式、混合式等培养模式。

（2）课程内容。有条件的课程内容力求实现国际同一性，加速人才培养的东西方优秀文化融合。可在本专业的国际化知识、本行业的国际惯例、国际技术标准和规范、相应的跨文化课程、国际交流工具性课程等方面实现与国际接轨。特别要注重吸取世界各国先进性、前沿性的科技成就、刚刚露头的先进技术和工程实践，以及科学的管理方法，使课程内容处在世界高水准基点上。

（3）考核发证。有条件的大学后继续教育培训项目的考核力求与国际接轨，发证力求国际通用。

（三）创新育人的体制机制，保障人才创新能力的有效开发

（1）建立和完善多元主体合作培养的育人体系。首先，要改变认为只有学校才是培养机构的传统观念，树立多元育人主体的理念。不仅高校是育人主体，企业、科研院所也是育人主体，特别对高层次创新型人才培养而言尤为如此。建立高校、企业、科研机构的育人共同体，通过共建科技创新平台，共同实施重大项目等方式，共同培养高层次创新型人才。

（2）创新和实施国内外合作的育人体系。大数据表明，人才的境外研修和工作实践的经历，有利于国际化创新型人才成长和发展。要有效地培养国际化创新型人才，需建立国内外合作培养的育人新体系。对此，《人才规划纲要》明确提出，建立"国内培养和国际交流合作相衔接的开放式培养体系"。这样，可有效利用境外优质教育资源，为我国培养国际化创新型人才所用。

（3）创新和实施跨学科育人的机制。研究和实践均表明，学科的边缘区和交叉处，往往是新学科的生长点，也是创新型人才成长和发展之地。要实施学科交叉的教学体系，必须打通各专业、各学科之间的壁垒，形成跨学科的大类培养机制。例如，人工智能，兼具技术属性和社会属性。它

是在与多学科交叉融合中形成和发展的。其至少与计算机、控制论、量子科学、神经认知科学、数字、心理学、法学、社会学等相关学科交叉融合，因而必须实施跨学科的大类培养机制培养高层次、创新型人工智能人才。

（四）强化大学后继续教育队伍建设的力度，加快队伍素质的转化度

要完成上述改革创新任务，其关键之一是要有一支高素质的教学和管理队伍。就教学队伍而言，基于大学后继续教育的对象、性质、宗旨和特点，大学后继续教育的教学队伍应具备高层次、多类型、多序列、新颖性、跨国型的特点；就管理队伍而言，应具有高层次、专业化和国际化素质。目前我国大学后继续教育队伍，还达不到上述的要求，必须强化教育培训力度，使队伍进一步由再现型素质向开拓创新型素质转化，由内向型素质向外向型、国际通用型素质转化，以适应并促进大学后继续教育的创新发展。具体而言，包括以下两个方面：

第一，利用"十四五"开局之契机，在分析本系统、本单位教育培训者素质基础上，根据本系统、本单位发展的需求，制定出人员的教育培训规划，并在组织领导、政策制度、培训基地、培训经费等方面采取强有力的举措保障规划的落实。

第二，高质量发展成人教育学专业研究生教育学位点。不仅应扩大学术性硕士、博士的培养规模，而且应开放专业硕士、专业博士的培养。将成人教育学专业研究生教育提升到服务国家发展战略大局、构建全球人才高地的高度，以培养兼具创新和国际化素质的大学后继续教育的专门人才，为大学后继续教育战线提供朝气蓬勃的新生力量。

主要依据文献：

［1］习近平.在中国科学院第二十次院士大会、中国工程院第十五次院士大会、中国科协第十次全国代表大会上的讲话［M］.北京：人民出版社，2021.

［2］习近平.努力成为世界主要科学中心和创新高地［J］.求是，2021(6)：4-11.

［3］习近平.在中国科学院第十七次院士大会、中国工程院第十二次院士大会上的讲话［M］.北京：人民出版社，2014.

［4］国家中长期人才发展规划纲要(2010—2020 年)［M］.北京：人民出版社，2010.

［5］国家中长期教育改革和发展规划纲要(2010—2020 年)［M］.北京：人民出版社，2010.

主要参考文献：

［1］叶忠海.构建国际人才高地指标体系的若干基本问题［M］//叶忠海人才文选.人才地理学概论.北京：高等教育出版社，2009.

［2］叶忠海.加入 WTO 后中国人才资源培训开发的战略思考［J］.中国人才，2003(4)：10 - 12.

［3］叶忠海.建设创新型国家　发展人才继续教育/中国人才学研究新进展(下)［M］.青岛：中国海洋大学出版社，2006.

［4］叶忠海.大学后继续教育论［M］.上海：上海科技教育出版社，1997.

(本文曾发表于《高等继续教育学报》2021 年第 5 期。)

坚持"三位一体""三个第一"着力培养造就拔尖创新人才

党的二十大报告高度重视人才和人才工作,指出:"教育、科技、人才是全面建设社会主义现代化国家的基础性、战略性支撑,必须坚持科技是第一生产力、人才是第一资源、创新是第一动力。"这不仅是新时代中国教育、科技、人才发展的战略思想、指导方针和行动纲领,而且是全面建设社会主义现代化国家的全局性、长远性的战略思想、战略谋划和战略布局。

一、人才处于"三位一体"的核心和关键地位

教育、科技、人才"三位一体",具有很强的内在逻辑性关联,是一个有机整体。其中,教育是基础和前提,科技是目标和动力,人才是核心和关键。教育高质量发展,能够培养高质量人才,从而推进科技高质量发展;反过来,科技高质量发展,为教育高质量发展、培养高质量人才,提供强劲的动力和优越的条件,三者相互作用、相互促进,统一于全面建设社会主义现代化国家进程之中。就"三个第一"来说,人才是科技的载体、创新的主体。在生产力诸要素中,人才是最活跃、起决定作用的要素,也是唯一具有创新性的要素,特别是其中的高层次创新型科技人才,是新学科的创建者、新技术的发明者、科技自主创新的开拓者和引领者。习近平总书记多次深刻指出,"创新驱动实质上是人才驱动"。可见,人才处于"三位一体"的核心和关键位置,在科技创新发展过程中起着支撑和引领作用。

二、拔尖创新人才是现代化建设的尖兵

要强化人才对科技创新发展的引领支撑作用,就得着力培养造就以战略科学家、拔尖创新人才为代表的战略人才力量。党的二十大报告指出"着力造就拔尖创新人才"。战略科学家是科技领域的大师、领袖、灵魂,也是现代化建设的顶梁柱和主心骨。拔尖创新人才,是科技领域的创新开拓者、现代化建设的尖兵,是第一生产力的首要代表和标志。他们强有力地引领支撑我国全面建设社会主义现代化国家。为此,必须加大力度,科学有效地培养造就战略科学家、拔尖创新人才。

三、着力培养造就拔尖创新人才的基本路径

第一,进一步营造"为人才松绑"的社会氛围。科学大师爱因斯坦在总结自我成功经验时说,科研创新,要有"两个自由",即内在的心理自由和外在的环境自由。要达到这两个自由,必须为人才松绑。对此,2016年习近平总书记在对《关于深化人才发展体制机制改革的意见》批文中明确指出,"要着力破除体制机制障碍,向用人主体放权,为人才松绑,让人才创新创造活力充分迸发"。这就要允许科学家在科研中自由畅想,容忍在科学问题上的"异端学说"。这样才能使人才的思想和潜能得到进一步解放,人才的创新创造活力才能得以充分迸发,拔尖创新人才才能不断地涌现。

第二,在承担重大科技任务中造就人才,即"人才+项目"造就模式。人才学研究表明,创造实践在人才成长和发展中起着中介作用、源泉作用、定向作用和检验作用,因而对人才成功具有第一位的决定性意义。据此,要建立和完善以信任为基础,以"高能为核"理念为指导,通过"揭榜挂帅""赛马制度"选拔科研任务攻关的科研领军人才制度,以及建立健全相应的责任制和目标导向的"军令状"制度。同时,我们要提倡和支持科研人才根据本科研领域发展的世界动向和战略方向自主立项,组建创新团

队加以攻关,让科研人员有更多的创造实践的平台和机会。在科研攻关中,充分赋予领军人才技术路线决定权、创新团队组团权、科研过程控制权、科研经费支配权、科研资源调配权,充分发挥人才主体能作用,在科研创造实践中磨炼造就拔尖创新人才。

第三,建立全程性的创新教育制度体系。即树立系统观念,以人才创新能力开发为主旋律,将创新教育贯穿于人才成长和发展全过程,渗透于终身教育体系之中,实施衔接式培养体系。其基本任务是激发受教育者的创新意识,训练受教育者的创造才能,培养受教育者的创造品格。其基本模式有五种:一是渗透式,即把创新教育渗透于各科教育和各项教学活动之中;二是专门式,即专门开设创造类和未来类课程,组织创造实践活动;三是行动式,即结合工作岗位实践,在工学结合整体过程中进行创新教育。四是科研指导式,主要指创新教育与科学研究相融合,在指导受教育者完成科研目标过程中施以创新教育。五是特殊式,即对拔尖学生、特殊人才,要有特殊政策和举措,进行特殊培养模式。在未成年人基础教育阶段,更多地采取渗透式模式,给予少年儿童创新的"复合维生素",培养他们的"创新因子";对于少数拔尖学生可建立超常班加以特殊培养。在高等教育阶段,采取渗透式与专门式相结合模式,对青年大学生实施创新教育,培养他们自主创新能力和实践能力;对于拔尖大学生,让他们提前进入研究领域,可采用科研指导式模式,由导师一对一加以指导。在在职人员继续教育阶段,更多地采取行动式模式和科研指导式模式实施创新教育,培养和提升在职人员的自主创新能力和创造技能。这种衔接式培养体系,由人才成长过程转化规律和人才开发系统原理所要求,拔尖创新人才培养造就总是遵循由"人才源→准拔尖创新人才→潜拔尖创新人才→显拔尖创新人才"的成长转化过程。

第四,建立和健全突出人才创造性的评价体系。中国人事科学研究院原院长王通讯研究员,于 20 世纪 80 年代从人才哲学高度提出,人才考评归根结底考"三态",即人才持有态、人才发挥态、人才转化态。根据该原理以及现代评价学关于人才培养目标与考评标准一致性的原理,笔者于 20 世纪 90 年代末提出,为有利于创新型人才涌现,人才考评应突出人才创造性考核评价。具体来说,即建立和探索以"创新素质(持有态)——创造实践(发挥态)——创造成果(转化态)"为主线的人才评价体系,将对品德、能力、业绩的评价渗透其中。以此,激发人才创新活力,促进拔尖创新人才的涌现。

第五,进一步维护和保障人才的创新权益。第一是完善知识产权保护制度。习近平总书记指出,"保护知识产权就是保护创新"。拥有知识产权是对人才创新的最大激励。尽管党和国家高度重视知识产权工作,我国知识产权事业实现了大发展、大跨越、大提升,取得了历史性成就,然而我们还要看到知识产权侵权易发多发和侵权易、维权难的现象还存在,在科研成果署名上"官本位"现象还没有完全解决。为此,要进一步具体落实"建立创新人才维权援助机制""完善科技成果知识产权归属和利益分享机制""完善知识产权质押融资等金融服务机制"等。第二,建立和完善与自主创新成果价值相对应的分配制度。当前,要进一步落实"完善市场评价要素贡献并按贡献分配的机制",实行以增加知识价值为导向的激励制度,提高科研人员成果转化收益分享比例,强化人才股权期权的激励。以此,真正体现人才价值应是包括补偿价值和剩余价值在内的完整价值。第三,建立和完善人才资本及其科研成果有偿转移制度。允许科研成果通过协议定价在技术市场挂牌交易、拍卖等方式转让转化。其中,要进一步探索人才资本隐性部分的有偿转移问题,以提高科研成果转移转化成效,激发人才创新活力。

第六,加强拔尖创新人才培养造就的组织和立法保障。拔尖创新人才培养造就是一项复杂的国家重要的系统工程,涉及党政多个部门。根据党管人才的原则,建议由党委领导,组织部门牵头,教育、科技、人社、科学院、社会科学院等部门参与,在国家层面上成立拔尖创新人才培养造就指导委员会,教育部下属设立英才教育司,专司拔尖创新人才培养日常工作。同时,建议制定拔尖创新人才培养造就法规,在法治层面上强有力保障拔尖创新人才培养造就工作。

笔者相信,只要我们坚持"三位一体""三个第一",着力培养造就拔尖创新人才,在我国实现第二个百年奋斗目标新征程中,强化人才对现代化建设的引领和有力支撑。

主要依据文献：

［1］习近平.高举中国特色社会主义伟大旗帜　为全面建设社会主义现代化国家而奋斗——在中国共产党第二十次全国代表大会上的报告［M］.北京：人民出版社,2022.

［2］习近平关于人才工作论述摘编［M］.北京：中央文献出版社,2016.

［3］关于深化人才发展体制机制改革的意见［M］.北京：党建读物出版社,2016.

主要参考文献：

［1］叶忠海.人才学与人才资源开发研究［M］.北京：党建读物出版社,2015.

［2］叶忠海.科技领军人才的价值、成长特点和开发对策［J］.第一资源,2012(6)：18-24.

（本文曾发表于 2022 年 11 月 3 日《组织人事报》。）

科技领军人才的价值、成长特点和
开发对策

建设创新型国家,关键是提升自主创新能力。而自主创新能力的载体是人才,特别是科技领军人才。据此,建设创新型国家的重点在于开发科技领军人才。本文仅就科技领军人才的概念、战略价值、成长特点及其对开发的启示,分别加以具体的论述。

一、科技领军人才的界定和意涵

所谓科技领军人才,即为学术技术带头人,是指在一定的时间和空间范围内,得到业内专家评价和确认,对某领域、某方面科学技术发展作出卓越贡献并处于领先地位,正在发挥引领和带头作用的高科技人才群体。根据这样的界定,科技领军人才的意涵包括下列诸点:

(1)科技领军人才一定要在某一领域或某一方面的科技发展作出卓越贡献并处于领先地位。

(2)科技领军人才一定要在某一领域或某一方面能发挥引领和带头作用。

(3)科技领军人才是在创造实践过程中,经业内专家不断评价和确认自然形成的,不是上级任命的。

(4)科技领军人才是多类型、多序列的。就类型来讲,其包括基础研究型、设计研发型、技术应用型。就序列来看,其包括自然科技和社会科学两大序列。

（5）科技领军人才具有一定的时间属性。其是在一定的时间范围内的科技领军人才，具有历史动态特征。当然，也不排除有的科技领军人才在长时间跨度内，在几代人中处于领先地位。

（6）科技领军人才具有一定的空间属性，是一定空间范围内的科技领军人才。科技领军人才就范围来看，具有一定的相对性，一个国家、一个省、一个地区，都具有相应层级的科技领军人才。

二、科技领军人才的战略价值

（一）科技领军人才是建设创新型国家关键中的关键

人类社会文明史表明，高端人才在各自的领域，以不同的途径和形式，引领着社会历史发展。新中国成立以来，特别是改革开放以来，科技领域取得了一系列诸如"两弹一星"、"载人航天"、杂交水稻、陆相成油理论和应用、高性能计算机、人工合成牛胰岛素、基因组研究等令人瞩目的重大成就，这些无不是紧紧与钱学森、袁隆平、李四光、王选等一批科技大师联系在一起的。他们是科技创新的领军人物，在其中起着关键支撑作用。正所谓有一流大师，才有一流成果。

特别在今天，我国要建设创新型国家，其关键是提升自主创新能力。而自主创新能力的载体是人才，特别是其中的科技领军人才。笔者经过研究发现，科技领军人才有着优秀的内在素质：高目标的成就动机、非凡的战略思维、优化的智能结构、坚韧的个性心理特征、独特的人格魅力等。只有拥有这样一批领军人才，主攻方向才能被把握，创新团队才能善战，艰难险阻才能突破，关键领域才能攻克。可见，人才队伍建设是创新型国家建设的关键，而其中尤为重要的科技领军人才的培养造就及其引领，则是创新型国家建设中关键中的关键。

（二）科技领军人才是科技人才队伍的"灵魂""晶核"和"舵手"

科技领军人才对科技人才队伍建设起着不可替代的主心骨作用。其具体表现为：

（1）培植团队的科研精神。笔者对上海市 287 名学术带头人所做调查表明，科技领军人才高目标的成就动机，建立在正确的价值观上、对社会需要的满足和创造上、自我价值的实现上以及对国家、民族真挚的情感上。这种成就动机的价值取向和高尚的科技道德，无疑为广大科技人才树立了标杆，起着示范榜样作用，也为其带领的团队培育了核心价值观。

（2）把握团队的发展方向。研究方向是科技团队的生命，直接关系到科技团队的生存和发展。科技领军人才是科技战略家，拼搏在本科技领域的前沿，他们对本科技领域发展的世界动向和战略方向最熟悉、最有发言权，因而能对其带领的团队进行科学定向和定位。

（3）提升团队的创新水平。科技领军人才在知识和能力，特别在创新素质和实践方面必有其过人之处，这些往往是团队内其他人才所不具备的。在科技领军人才的耳濡目染下，其团队人才最易领悟其创新理念和精神，学到其独到的经验方法，因而往往会获得较快的成长和发展，整个团队的创新水平也随之提升。

（4）形成团队的师承效应。科技领军人才，不仅能对科技攻关运筹帷幄，而且又与科技人员朝夕相处，攻关在第一线。这既直接提升了科技人员的研究层次和水准，又影响着科技人员的成长类型。在师承效应作用下，形成"学派型人才团""师徒型人才链"。后者是指同类才能的人才在师徒之间连续出现的现象。最为典型的是英国剑桥大学卡文迪许实验室师徒型人才链：J.J. 汤姆森、卢瑟福两位教授一共培养了 17 位不同国籍的诺贝尔自然科学获奖者。

（5）发挥团队的晶核凝聚作用。正如前述，科技领军人才有着独特的人格魅力，这种魅力即领军魅力。其来源于科技领军人才的思想品格、科技创新能力和领军才能，致使他们的感召力、影响力在科技创新团队中形成一种心悦诚服的心理认同感，从而形成科技团队的亲和力、凝聚力。

可见，科技领军人才是人才团队的"晶核"、"灵魂"和"舵手"，决定着人才团队的结构，进而决定着人才队伍的功效、发展与兴衰，因而科技领军人才培养造就及其引领，是科技人才队伍建设的重中之重。

三、科技领军人才成长的特点

人才学研究表明，人才成长是在一定的条件下，以创造性实践为中介的，内外诸因素相互作用的综合效应。其中，内在因素是人才成长的根据，外部因素是人才成长的必要条件，创造性实践在人才成长中起决定作用。相对于一般人才的成长规律，科技领军人才成长的特殊性主要体现为以下四个方面：

（一）科技领军人才成长的内在素质特征

（1）高目标的成就动机。对上海市287名学术技术带头人的调查表明，80％以上的学术技术带头人具有强烈的成就动机。他们把成就动机瞄准于高层次的成就目标，即把科技目标定在世界先进、前沿水平。

（2）非凡的战略思维。科技领军人才，是科技战略家和组织家。笔者在对学术技术带头人调查中发现，他们均具有思维的前瞻性、创新性，发展的预见性、谋略性等优秀的科学品质，对本领域科技发展趋势具有惊人的洞察力、把握能力，因而相对于一般科技人才而言，科技领军人才对本科技领域发展往往站得高、看得深远，也把握得准。

（3）优化的智能结构。对上海市的学术技术带头人进行调查后发现，他们具有优化的智能结构。其知识结构为蛛网式三层次。最里面是内核层，由本专业的前沿知识构成；中间层由相关专业的综合知识构成；外围层由哲学知识、外语知识、计算机知识构成。一般均形成了基础宽、功底厚、综合能力突出、适应性强、创造能力特强的智能结构。

（4）坚韧的个性心理特征。调查显示，他们之中坚忍不拔的个性品质"强"或"比较强"的占调查对象的88.4％。承受挫折、经受困难的能力在他们身上体现得非常突出。

（5）独特的人格魅力。科技领军人才的人格魅力指领军魅力。具体而言，科技领军人才的感召力、影响力，在科技创新团队中有一种心悦诚服的心理认同感,从而形成科技创新团队的凝聚力、合力。这种人格魅力来源于科技领军人才的思想品格、科技创新能力和领军才能。

（二）科技领军人才成长的外部支撑要素特殊性

根据中国人才学的观点,人才成长的外部环境包括自然环境和社会环境,社会环境又包括社会小环境和社会大环境。社会小环境可分为家庭环境、求学环境、职业环境、社区环境和社会交往环境。相对于一般人才成长,科技领军人才成长的职业环境支撑要素的特点是:

（1）能够领衔领先性、科研性的科研项目;

（2）具有创造实践活动优化的发展空间;

（3）具有创造实践活动的自主控制权;

（4）具有一支前沿性、结构合理的创新科研团队。

根据我们对两院院士的研究,他们职业环境的支撑要素起码具有以下特点:

（1）前沿性的科研群体是院士涌现的圣地;

（2）领衔或参与具有原创性、前沿性的科研项目是院士涌现的实践条件;

（3）坚实的学术技术带头人人才队伍是两院院士产生的人才基础;

（4）院士群体的连锁反应是院士人才产生的内部机理。

关于社会大环境支撑要素的特殊性。我们通过对上海市的学术技术带头人进行调查,统计显示,学术技术带头人最需要的社会大环境的支撑要素,第一位是安定宽松的政治氛围,第二位是公开公平的社会竞争,第三位是广阔丰富的实践舞台。

（三）科技领军人才创造实践及其成果的特点

（1）长期性和丰富性。对上海市学术技术带头人进行调查的结果表明,科技领军人才创造实践具有起始年龄低、生涯年龄长的特点。起始年龄一般在 29 岁以下,占调查对象的 50％ 以上。科技生涯年龄满 30 年以上的也占调查对象的一半以上。这说明科技领军人才创造实践长期性的特点,同时,通过调查发现,他们的工作岗位调动平均每人 4.48 次,单位调动人均 2.67 次,有国外、境外工作经历的占 59%。这些数据表明,他们经历了多种创造实践,具有丰富性的特点。

(2)领先性和前沿性。即创造实践及其成果具有领先性和前沿性。正因为他们具有强烈的成就动机,把成就动机瞄准在世界先进、前沿的科技目标,创造的成果具有世界领先性和前沿性。从笔者调查的上海市 287 名学术技术带头人创造的成果看,共创造成果 1285 项,人均 4.48 项。其中,开创性成果共 405 项,占 31%;领先世界先进水平的 131 项,占 10.2%;领先国内先进水平的有 403 项,占 30.6%。有 11% 的学术技术带头人获得国家科学技术进步奖或自然科学奖,49% 获得省部级科学技术进步奖或自然科学奖,少数获得发明奖。

(3)高难度性。由于承担的是领先性、前沿性、前人没有研究过或研究过但还有未解决的课题,这意味着,要取得创造成功,没有现成成果、实践经验供参考,要走前人没有走过的道路。这种创造具有高风险性、高不确定性、长周期性。

(4)高价值性。要解决前人没有研究过的或没有解决的问题,创造一旦成功,会带来新颖的、前人没有创造的、具有社会价值的成果,无论对经济发展、企业发展,还是对社会发展,都具有很高的价值性意义。

(四)科技领军人才成长过程的特点

中国人才学界认为,人才成长基本规律除内外因综合效应规律外,还有一个基本规律,就是人才过程的转化规律。所谓人才过程的转化规律,是指在一定的社会条件下,人才的一个具体过程基本完结后,向与它有必然联系的人才过程过渡或飞跃的变换关系。相对于一般人才成长过程而言,科技领军人才成长过程具有两个特点,即多次性与曲折性。人才成长,开始是人才源,后来成长转化为准人才,再转化为潜人才,后又发展转化为显人才,乃至于领军人才。人才成长必须遵循成长规律。人才在创造、创新过程中也要经历"创造、失败、再创造、再失败、再创造……直至成功"的反复过程。这说明科技领军人才成长过程具有曲折性特点。科技领军人才成长不是直线、平坦的发展,而是迂回曲折、高低起伏的。

四、依据成长规律,科学有效地开发科技领军人才

(一) 科技领军人才开发,是一项复杂的社会系统工程

科技领军人才成长过程转化的多次性和曲折性特点启示我们:在科技领军人才的开发中,我们要树立"一个意识",实施"两个整体开发"。

树立"一个意识",就是要树立过程意识。科技领军人才的开发,必定会有一个较长的过程,不可能一步到位,切忌操之过急、拔苗助长。

两个"整体开发",一个是指人才成长各阶段之间的"整体开发"。人才开发从人才源到准人才,到潜人才,到显人才,再到高级人才、科技领军人才,各个阶段不是孤立地开发,而是一个整体过程。前一个阶段为后一个阶段的开发做准备,后一个阶段是前一个阶段开发的结果。人才开发是阶段性和连续性的统一。另一个"整体开发",是指人才开发过程各个环节之间的整体开发。具体来说,即人才开发的预测规划、教育培训、考核评价、选用配置、使用调控等环节之间的整体开发,其中,集中反映在两个方面、三个环节,即教育培训——育人与配置使用——用人之间的整体开发,两者应"一体化"。

(二) 搭建科技领军人才创造实践舞台,加大创新研发的投入

正如前述,创造实践在人才成长中起决定作用,没有创造实践,就没有人才。这就启示我们,要开发科技领军人才,必须为他们搭建创造实践舞台。

一是要形成创新的共识:创新是企业生存发展的生命线,是企业生存发展之源;

二是要由科技领军人才特别是准、潜科技领军人才来负责承担科技创新项目,给予创造实践的空间;

三是要由科技领军人才特别是准、潜科技领军人才自主组建前沿性

科技创新的团队,而不是由行政命令组建;

四是及时提供完成科研项目必要的支撑条件;

五是要营造宽松、自由、和谐的创造实践环境。

在此同时,要加大科技研发的投入,建立完善的企业科研创新体系,强化产学研项目合作。科研机构、大专院校要与企业进行无缝对接,院校的教授和企业的技术专家可以共建创新技术中心,把聚焦点放在提高企业核心竞争力,加大技术攻关项目上,为科技领军人才创造实践提供更广阔的舞台。

(三) 形成科技领军人才创造实践及其成果的宽容和保护机制

根据科技领军人才创造实践的高难度性和高风险性、高不确定性特点,必须要形成宽容和保护机制。以制度的形式来确立宽容机制,让创新者放下害怕失败的思想包袱,摒弃"不求无功但求无过"的思想意识。宽容机制并不是不计经费成本,而是把科技创新成本降到最低。建立宽容机制,还要树立科技创新需要时间、耐心的理念。特别是原始创新,不确定性、耗时性、无固定产品特征最明显,任何目光短浅、急功近利、急于求成的理念或行为都不利于创新。浮躁是原始创新的大敌。

形成保护机制,就应允许提出和保护与众不同的声音,鼓励创立新学派、新流派;同时还要保护好知识产权,特别是准、潜科技领军人才的知识产权。要帮助他们克服"马太效应",使科技成果与人才价值及时得到认可。同时,还要遏制科研项目领衔权和科研成果优先署名权的"官本位"现象。

(四) 健全适应社会主义市场经济体制的科技领军人才激励机制

建立科技领军人才激励机制,要解决三个问题:

一是进一步完善以科技领军人才命名的科技成果占有制,以此保护知识产权。如青岛海尔的产品都以发明者而命名。

二是建立和完善与自主创新成果价值相对应的分配机制。人才所创造的新增价值应体现在收入分配上，科技领军人才有权分享企业净剩余部分，人才补偿价值只是补偿劳动力的消耗部分。

三是要建立人才资本及科研成果的有偿转移制度。当前，要进一步解决人力资本隐性部分，包括职业声望、社会资源、业务能力等方面的量化，以及由谁加以量化等问题。

（五）建立和健全适合科技领军人才追加知识和更新智能的制度

学术技术带头人、两院院士也要追加知识和更新智能。根据调查，他们最需要"充电"的内容包括"本专业的前沿知识""刚刚露头的新技术和工程实践""与专业相关的综合知识"。最希望的形式有"与外国专家合作研究""同行研讨""专题讲座""自学"等。在时间安排上，希望短些，但次数多些。

（六）完善科技领军人才的健康保障体系

这是由科技领军人才工作的前沿性、高难度特点决定的。科技领军人才的付出是巨大的，有有形的，也有无形的。无形的表现是智能的老化，有形的表现是体能的衰退。各级领导要对科技领军人才生理、心理提供必要的健康保障。

主要依据文献：

［1］国家中长期人才发展规划纲要（2010—2020 年）［M］. 北京：人民出版社，2010.

［2］中共中央　国务院关于进一步加强人才工作的决定［M］. 北京：人民出版社，2004.

主要参考文献：

［1］叶忠海. 专门人才研究［M］// 叶忠海人才文选. 北京：高等教育出版社，2009.

（本文发表于《第一资源》2012 年第 6 期。）

人才发展指数

06

人才发展指数的若干基本问题

人才的基础研究,不仅需要定性研究,而且需要量化分析。人才发展指数的研究,是人才基础研究的重要方面,也是当今人才工作实践中迫切需要解决的问题。本文就人才发展指数的若干基本问题逐一加以阐明。

一、人才发展指数的内涵和意义

(一) 人才发展指数的内涵

指数,是考量事物发展的客观量化依据,是事物发展进程量化的指证。人才发展指数,是指对一组反映人才发展的核心指标考量后所得的指数。它是一个国家或地区人才发展的数量和质量变化的动态相对数。所谓相对,是一个时间比较概念,即报告期与基期的数据之比。可见,指数不是绝对值,而是相对数,这是指数的基本特点。

(二) 人才发展指数的意义

马克思主义哲学认为,任何事物都是质和量的统一。认识事物的质非常重要,其是区别事物的依据;认识事物的量也相当重要,它使我们更清晰、更准确地反映和把握事物。我们要科学而有效地发展人才,不仅要在科学理论的指导下开展定性研究,而且还要进行量化分析。具体而言,人才发展指数有下列意义:

1. 为政府单位决策提供依据

人才发展指数,如"信号灯"一样,反映人才发展状况和趋势。其所表现的重要数值,在决策中起基础作用。政府和有关部门掌握了该指数值,对人才的发展判断将更为准确,决策制定更为科学,工作把握更有信心,成效结果更能检验。

2. 为科学研究提供量化数据

因为"指数"的概念具有可算性、可比性、区分性、等级性、序列性等特点,我们掌握了人才发展指数,就可对不同国家、地区人才发展状况进行比较分析,向政府及有关部门提供报告,提出对策建议。

3. 为人才发展定位提供信息

就人才个体发展而言,人才发展指数,特别是其中的人才紧缺指数,对人才发展有着"指引器"价值,引导人才发展的定向和定位,有助于提高人才自主开发的效益。

4. 促进人才学科发展

马克思告诉我们,一门科学,只有当它成功地运用数学时,才能达到真正完善的地步。人才发展指数研究与应用,有助于人才学数学化,促使人才学科进一步走向成熟。

二、人才发展指数的构成和编制方法

(一) 人才发展指数体系的框架构成

1. 人才发展的基本指标

人才学界认为,人才发展的基本特征应从多视角加以考察,包括人才规模特征、人才质量特征、人才结构特征、人才流动特征、人才投入特征、人才效能特征等视角。因此,反映一个国家和地区人才发展总体状况的人才发展基本指标,应包括人才规模指标、人才质量指标、人才结构指标、人才投入指标、人才效能指标等。

2. 构成人才发展指数体系的要素

基于上述认知,构成人才发展指数体系的要素,应包含人才规模指数、人才素质指数、人才结构指数、人才投入指数、人才效能指数等。即人才发展指数体系由上述五大分指数构成。那么,每个分指数又由哪些核心指标组成呢？

（1）人才规模指数的核心指标。研究表明，可由如下指标构成：

人才规模总数。即指一定时期内某一区域各类人才的总和。

人口人才密度。即指一定时期内一个国家或地区人才在人口总量中所占比重。其单位为：人才数/万人口，计算公式为：

$$人口人才密度＝人才数 / 人口总数。$$

（2）人才素质指数的核心指标。研究表明，核心指标可由如下指数构成：

高职人才密度。即指一定时期内某一区域具有高级职称的人才在人才总数中所占有的比重。计算公式：

$$高职人才密度＝高职称人才数（人）/ 人才总数（人）$$

人才当量系数。即指在一定时期内某一区域内，某学历或某专业职称的比例与该层次的权重系数的乘积的累加和。计算公式：

$$G = \sum W_iX_i$$

其中，G 为人才当量系数，W_i 为某一学历或专业职称层次的人才所占的比例，X_i 为该层次的权重系数。

人才当量数。即指在一定时期内某一区域内，按某一标准加权计算出的人才数。一般以多少名本科生或工程师表示，计算公式可分别表达为（1）或（2）：

$$T = \sum T_iX_i \qquad\qquad 公式（1）$$

公式（1）中，T 为人才当量数，T_i 为某一学历层次人才数，X_i 为该学历层次的系数。

$$T = t \times G \qquad\qquad 公式（2）$$

公式（2）中，t 表示该区域内人才总数，G 表示该区域人才当量系数，两者相乘得出该区域人才当量数。

（3）人才结构指数的核心指标组成。

在这里，人才结构指数的核心指标，包括在一定时期内某一区域各年龄段人才数在人才总数中所占比例，如成年人才比、老年人才比；还包括人才与产业匹配状况，如产业人才集中率等：

成年人才比，指60岁以下的人才数占人才总数的比例。计算公式：

成年人才比＝（60岁以下的人才数／人才总数）×100％

老年人才比，指60岁及以上的人才数占人才总数的比例。计算公式：

老年人才比＝（60岁及以上的人才数／人才总数）×100％

重点产业人才集中率，指重点产业人才数占该区域人才总数的比例。计算公式：

重点产业人才集中率＝（重点产业人才数／人才总数）×100％。

（4）人才投入指数的核心指标组成。

人才开发投资率。即指在一定时期内某一区域人才开发投资数占国内生产总值比例，计算公式：

人才开发投资率＝（人才开发投资数／国内生产总值）×100％

（5）人才效能指数的核心指标组成。

人才科技系数。即指在一定时期内某一区域或系统，单位数量人才所拥有的科技成果数，以个／万人表示，计算公式：

人才科技系数＝当年科技成果数／该年人才总数

上述所指的科研成果数，包括专利批准数、新产品开发数、发表论著数等。

（二）人才发展指数的编制方法

人才发展指数可分为三类：一是单一性的人才发展指数，如人才供给指数、人才学历指数、人才职称指数等；二是复合性的人才发展指数，是指两个指数构成的指数,如人才潜能指数等;三是综合性的人才发展指数,是指多个指数构成的指数,即人才发展综合指数。以下举例说明诸人才发展指数的编制方法。

人才规模指数＝报告期人才总量/基期人才总量。

人才学历指数＝报告期平均人才学历当量/基期平均人才学历当量。

人才职称指数＝报告期平均人才职称当量/基期平均人才职称当量。

人才潜能指数＝人才学历或职称指数×人才年龄指数。在这里,所谓人才年龄指数,实际是指人才平均可工作年限指数。

人才发展综合指数＝人才规模指数×人才素质指数×人才结构指数×人才投入指数×人才效能指数。

三、人才发展指数测定需明确和把握问题

(一)人才发展指数与人才发展指标的关系

发展指标,反映的是人才某方面的特征;发展指数,则是反映人才动态变化情况。发展指数,不能脱离指标,而是考量核心指标后得出的。

(二)人才发展指数是衡量人才发展变化的动态相对数

阐明动态变化需要通过时间比较,即报告期与基期的比较。具体来说,通过测得的报告期数据与原有的基期数据的比值,可以看出某个空间区域人才的发展变化。

(三)从计算方法而言,人才发展指数则是诸分指数的乘积

人才发展指数＝人才规模指数×人才素质指数×
人才结构指数×人才效能指数

(四)应采取点面结合多种方式采取数据

数据的采样,是研究人才发展指数的基础性工作。采样的数据,若有

水份甚至于虚假,那计算工具所作的计算结果就没有任何价值,只是一场计算机游戏。为使采样的数据接近实际,一般可采取点面结合多种方式采取数据。面上数据,可依据人口普查及人才相关统计资料;点上则典型解剖不同类型单位,通过人才工作办公室采样数据。这样,可在有限时间内获取反映人才发展核心指标的数据。

主要参考文献:

［1］叶忠海. 新编人才学通论［M］. 北京:党建读物出版社,2013.

［2］徐国祥等. 统计指数理论、方法与应用研究［M］. 上海:上海人民出版社,
    2011.

［3］叶忠海,岑泳霆. 社会学习指数研究与探索［J］. 高等继续教育学报,2016(1):
    1－12＋63.

(本文形成于 2017 年,作为人才学专题讲座教学材料。)

关于《上海市重点产业和金融领域人才紧缺指数报告》的思考

2021年以来，我接受上海伯乐产业人才发展基金会之邀，作为评审专家，连续两年对由上海伯乐产业人才发展基金会编制的《上海市重点产业和金融领域人才紧缺指数报告》（以下简称《产业人才紧缺指数报告》）进行评审。评审的过程，也是我学习和思考的过程。在评审中，我认真学习了该报告，受到不少启发，认为这是一份具有开创性意义的、很有价值和分量的研究报告；同时对深入研究和探索人才紧缺指数也作了些粗浅的思考。

一、《产业人才紧缺指数报告》的价值

（一）理论价值

粗略而言，至少有如下的价值：一是充实人才统计学。人才紧缺指数研究，隶属于人才统计学范畴，然而现有的公开出版的《人才统计学》论著，还没有涉及人才紧缺指数的研究，或没有涉及产业人才紧缺指数研究。该报告显然充实和丰富了人才统计学的基本内容，有利于人才统计学的发展。二是开拓产业人才学。人才学界四十余年来，关于产业与人才相关性研究，在宏观人才学中有章节涉及，然而专门研究产业人才学的相关资料则较为匮乏。《产业人才紧缺指数报告》研究成果的问世，有助于开拓产业人才学。三是促进人才学数学化。该报告充分运用统计学原理和方法，较好地将产业链与人才链实现耦合研究，从而使数字和数学方法

成为研究人才现象的量、认识把握人才现象的质的重要工具和表达方式。

（二）应用价值

从应用价值而言，产业人才紧缺指数是产业领域人才的"风向标"和"指示仪"，至少有如下三个层次的应用价值。一是为相关政府部门提供决策依据和参考，做到胸中有"数"。即对紧缺人才状况判断更为准确、发展决策更为扎实、工作把握更有信心、成效结果更能经得起检验。二是可指引相关学校、企业紧缺人才培养开发的方向和重点，包括紧缺人才的类型和层次；三是引导人才个体的自我开发，有助于人才个体生涯设计；四是搭建产业界与人才界的桥梁，促进产学研有效融合。

二、关于产业人才紧缺指数构建的目的和依据

（一）产业人才紧缺指数构建的目的

产业人才紧缺指数的构建，旨在解决人才结构问题，即人才结构与产业结构对应相适的问题，减小人才结构偏离度。所谓人才结构偏离度，即所有人才结构偏离数绝对值之和。计算公式为：

$$人才结构偏离数 = 人才比重 - 产业比重$$

（二）产业人才紧缺指数构建的理论依据

人才学研究表明，产业人才紧缺指数构建的理论依据应是人才结构理论，包括人才结构构造理论和人才结构互适理论。

就人才结构构造理论而言，既然产业人才紧缺指数的构建是为了解决人才结构与产业结构对应问题，那就存在人才结构的构造问题。因此，人才结构构造规律，是产业人才紧缺指数构建的理论依据。历史唯物主义告诉我们，生产活动是人类社会最基本的实践活动，是决定社会一切活动的基础。包含生产活动的经济开发活动决定人才开发活动。据此，人才结构的构造取决于经济的产业结构，这是人才结构构造基本规律。行

业的产业结构的变革,要求人才专业的类别、层次、规模等作相应的动态变化,以适应和促进产业结构的变革。产业人才紧缺指数构建也就建立在这一理论基础之上。

人才结构互适理论即人才结构与产业结构相互适应理论。人才结构构造取决于经济的产业结构,反过来,人才结构又影响产业结构。人才,特别是拔尖创新人才,不仅是产业层次的体现,而且是产业变革和创新的"发动机"。人才结构中所拥有拔尖创新人才的比例,直接关系到产业水平结构的飞跃,直接关系到产业结构的变革和创新。据此而言,人才结构与产业结构具有相互适应的规律性。

三、关于完善重点产业人才紧缺指数构建的探讨

《产业人才紧缺指数报告》构建的人才紧缺度指数,以每个产业人才的供需比指数、匹配度指数为基础。该报告在表述《指数模型说明》时说:"每个产业和金融领域的供需比指数和匹配度指数为基础指标,两者加权而得人才紧缺度指数,权重分别为 2/3 和 1/3。匹配度指数下设学历、工作年限和薪酬三个指标,权重各为 1/3。"对此,我是基本同意这样的认知和操作的,但又认为需要进一步完善。

(一)重点产业人才紧缺指数的构成

重点产业人才紧缺指数的构成,除考虑供需比指数、匹配度指数作为基础外,还可考虑"重点产业人才集中率",即重点产业人才比。这样,得出的重点产业人才紧缺指数更为接近实际,能够提高重点产业人才紧缺指数可信度。

计算公式为:

重点产业人才集中率＝(重点产业人才数／人才总数)×100％

(二)构成匹配度指数的要素问题

其要素构成,要考虑党和国家对上海的总体要求"建设高水平人才高

地与创新中心"。其中,特别紧缺的高端战略人才,包括战略科学家、科技领军人才、拔尖创新人才等。而《产业人才紧缺指数报告》匹配度要素只考虑学历、工作年限和薪酬三个指标,显然是不够的,不能确切反映上海最紧缺人才的状况,从而直接影响所作报告的使用价值。这个问题如何解决? 笔者觉得至少应考虑下列几个问题:

第一,要素增加"高端战略人才"。可通过岗位分析法、特尔斐法等方法来测算高端战略人才动态变化,从而求得"高端战略人才"指数。

第二,要素增加"职称"。因薪酬的高低受多种因素影响,不能完全反映人才专业职称层次,因而匹配度要素应增加"职称"要素,考虑"高职人才密度",即指具有高级专业技术职称的人才在人才总量的比例,以高职人才数/万人才表示。

计算公式:

$$高职人才密度 = 高职人才数 / 人才总数$$

第三,提高"工作年限"的权重。相对于"学历""薪酬"来说,"工作年限",即实践经验较为重要,因而应提高"工作年限"的权重。

(三) 指数预测模型的完善

《产业人才紧缺指数报告》是"基于各重点产业和金融领域过去 3 年历史人才和职位数据,预测未来年人才数据"。在这里,其采用较为简单的预测模型,运用线性平推法来预测未来年人才数据。问题在于 2020—2022 年是我国新冠疫情流行期,用这三年非常时期的人才和职位数据来预测新冠疫情流行期过后各产业迅速恢复发展的 2023 年人才和与职位的数据,显然可信度会受影响。据此,指数预测模型需完善。

四、研究产业紧缺人才指数的工作基础

(一) 数据的科学采集

数据,是人才指数的依据;数据的科学采集是得出产业紧缺人才指数

的工作基础。上海重点产业人才紧缺指数研究项目组高度重视人才数据的采集。他们采取典型问卷调查和大数据相结合的方法。数十家典型代表企业人力资源负责人与项目组共同调研,形成典型企业样本数据;同时,依靠人才大数据平台采集数据,取得了数万条的岗位和人才数据,从而基本保证人才数据采集的质量和数量。

(二) 二级人才子类的科学划分

人才统计研究是我国人才研究的薄弱环节。各地产业领域人才的统计目前尚无统一口径,且多数人才分类颗粒度过大。过大、过粗的人才分类,得出的产业人才紧缺指数既不精确,又无实效。科学、精确、有实效的产业人才紧缺指数,必须建立在二级人才子类的科学划分的基础之上。对此,上海重点产业人才紧缺指数研究项目组做了非常艰辛的工作。正如他们在《产业人才紧缺指数报告》中所写,将重点产业典型代表企业的人才分类与人才大数据相结合,对数十万个相关的人才和岗位数据加以甄别,划分出对应的二级人才子类,再与《中华人民共和国职业分类大典(2015年版)》和国际职业分类体系做比对,并由人力资源专家、行业专家与典型企业代表共同进行审校修订,最终形成重点产业人才大类和子类的统计口径。

(三) 研究队伍的科学构成

要完成好数据来源的科学收集、二级人才子类的科学划分的任务,势必要求研究队伍由各方力量合成,包括政府、企业、高校、科研机构、信息中心等。上海市重点产业和金融领域人才紧缺指数研究之所以能有质量地完成,得益于上海伯乐产业人才基金会紧紧依靠上海市经济与信息化委员会等党政机关的指导,得到数十家典型代表企业、华东师范大学调查与数据中心、同道猎聘集团、上海厂长经理人才有限公司、组织人事报社等单位的支持和帮助。如果不组织和整合这些力量,是不可能完成这研究的。

主要参考文献：

[1] 叶忠海.人才学与人才资源开发研究[M].北京：党建读物出版社,2015.

[2] 叶忠海.人才地理学概论[M].上海：上海科技教育出版社,2000.

（本文系作者对《上海市重点产业和金融领域人才紧缺指数（2020—2022）（评审稿）》的评审文章,写成于 2022 年 12 月。）

人才学展望

07

在实施人才强国战略中创建和发展中国人才学学派

　　人才强国战略是党中央、国务院基于国内外形势、从党和国家事业发展的战略高度出发所作出的重大决策。2013年,《中共中央　国务院关于进一步加强人才工作的决定》是实施人才强国战略的纲领性文件。为了全面落实该文件精神,需要"创新人才工作的理论、机制和方法"。本文仅就中国人才学的历程、理论贡献以及创建和发展中国人才学学派作一阐明和论述。

一

　　自党的十一届三中全会确定全党工作着重点转移到社会主义现代化建设上来后,造就大批又红又专的人才,成为当时全党和全国人民十分的重要任务。邓小平同志指出,现在我们国家面临的一个重要问题,不是四个现代化的路线、方针对不对,而是缺少一大批实现这个路线方针的人才。在这样的历史背景下,1979年,人才学作为一门独立的现代学科在中国的科学园地破土而出,至今已有25个年头。在此期间,经历了曲折发展的道路,特别是头7年,由于种种原因,人才学刚诞生就受到挫折,其发展一度处在迟缓状态。但尽管如此,人才学是时代呼唤应运而生的新兴学科,具有强大的生命力。从总体上看,作为一门新兴学科,其发展速度是快的,成绩是显著的,开创了一条具有中国特色研究人才和人才问题之路。1992年,人才学被国家承认,作为三级学科列入中华人民共和国《学科分类与代码》。25 年来，在中国人才研究会领导下，先后在敢峰、王康、王通讯、徐颂陶等同志带领下，人才学研究成绩可作下列归纳：

一是公开出版了一大批人才研究的论著。据 1995 年不完全统计，公开出版的人才学著作有 430 种之多；据 2002 年不完全统计，有 600 多种。其中，人才学基础理论著作 100 多种，如《人才学通论》（王通讯）、《人才学概论》（叶忠海、陈子良、缪克成、杨永清）、《人才学概说》（彭文晋）、《人才学基础》（王康、王通讯主编）、《人才哲学》（刘翠兰主编）、《人才资源论》（夏子贵、罗洪铁主编）、《潜人才学纲要》（杨敬东）、《群体人才学》（李新生主编）等；人才史学著作约 50 种，如《中国人才史》（李树喜等）；专门人才学 150 余种，如《科技人才教程》（于文远）、《领导人才学概论》（王元瑞）、《军事人才学引论》（裘克人主编）、《战略人才学》（赵心培）等；交叉人才学约 100 种，如《人才市场学概论》（赵永乐）、《人才经济学概论》（张彦等）、《人才地理学》（叶忠海）；人才开发和管理著作 180 余种，如《人才管理学基本原理》（胡光伟）、《人才管理》（郑其绪等）、《人才潜能开发学》（王通讯）；工具书 10 余种等。

二是初步形成了人才学框架体系。其框架基本构成为：① 关于人才的基本问题研究，包括人才的概念、本质、要素、类型、结构、功能和价值等问题研究；② 关于人才成长和发展规律研究，包括人才成长和发展过程及其阶段、人才成长和发展的内外因素及其相互作用、个体人才成长和发展规律、社会总体人才成长和发展规律等问题研究；③ 人才的自我开发研究，即人才主体的创造实践研究，包括人才创造实践的战略设计和战术运用等研究；④ 人才的社会开发研究，包括人才的预测规划、教育培训、考核评价、选用配置、使用调控以及人才流动和市场等问题研究。概括地说，人才学是一门研究人才现象，揭示人才规律的新兴学科。

三是人才学理论成果已广泛运用于社会主义现代化建设重大项目之中，走出了一条为经济社会发展服务之路。如"长江三峡工程管理模式和人才开发综合研究"（华东师范大学）、"青海油田人才资源开发战略研究"（山西大学等）、"新时期中国女领导人才成长和开发研究"（华东师范大学）、"江苏省学术技术带头人开发研究"（河海大学）、"三峡库区人才资源开发研究"(西南师范大学)、"上海市构筑国际人才资源高地研究"(上海市公共行政和人力资源研究所)等。

四是人才学登上了大学讲台,已培养若干批研究生。1980年,首先由华东师范大学、上海交通大学把人才学推上大学讲台。据不完全统计,1995年有220多所高校开设人才学课程。从开课的系、专业来说,以管理类、政工类、师范类的系、专业为主体。课程名称因教学对象不同而有区别:有"普通人才学""政工人才学""教育人才学""管理人才学""科技人才学""军事人才学""农业人才学""人才管理学""人才心理学""人才思想史"等近20种课程;并具有多层次性特点:有大专、本科、研究生层次,有干训和继续教育层次等。曾经有哈尔滨船舶工程学院、哈尔滨工业大学、华东师范大学、山西大学、中国政法大学、西南师范大学、中国石油大学(华东)、河海大学、空军政治学院、国防大学、解放军西安政治学院等10余所大学先后招收人才学研究方向的硕士生,河海大学现已招收该方向的博士生,一些解放军院校在部队政工专业内已招收军事人才学研究方向的博士生,已有五批博士生毕业并取得了博士学位。

回顾人才学兴起和发展的历程,虽在此期间经历了不少挫折和冲击,但从总体上说,成长是健康的,成绩是显著的。总结其经验有四:一是必须以马克思主义人才观和我国党和国家领导人的人才理论为指导;二是必须坚持人才学研究为社会主义现代化建设服务,努力适应并满足时代与社会的需求;三是必须坚定不移依靠党的领导和政府的支持;四是广大人才学研究者必须以高度的事业心和责任心,为创建中国人才学学派不畏艰难,锐意进取,勇于创新。

二

对于人才和人才问题的研究,既涉及理论问题,又涉及应用问题。人才学则从理论和实践结合上加以探索研究,力求起到理论上的先导作用。25年来,经过众多人才学研究者矢志不移、孜孜不倦的努力,逐步形成了科学的人才学理论框架,许多理论观点已被党和政府所采纳,成为制定人才政策法规的理论依据。现不完全地归纳下列几点：

（1）科学界定了人才概念，破除了唯心主义的天才观。在20世纪80年代初，关于人才定义的大讨论中，中国人才学界形成了基本的共识，"人才是指在一定的社会历史条件下，在各种社会实践活动中，以其一定的知识和技能，能够进行创造性劳动，对社会或社会某方面发展，作出某种较大贡献的人"。"人才的本质是创造性、进步性和社会历史性的统一"。在把握人才概念问题上，王通讯研究员在《人才学通论》中指出，"不能以名声论人才，不能以成败论人才"；之后笔者又在《普通人才学》中进一步指出："不能绝对地以学历论人才；不能绝对地以职位论人才；不能绝对地以名声论人才；不能绝对地以成败论人才。"在此期间，王通讯、山西大学教授刘翠兰等同志在80年代初，分别在各自的论著中，同时提出了"实践造就人才""人才来自群众""群众孕育人才"等唯物主义观点。

（2）提出了人才资源是第一资源的论断。1983年，笔者连同相关学者在《人才学概论》"绪论"中指出："人才，是人类财富中最宝贵、最有决定意义的财富。人才问题，关系到一个国家的盛衰，一个民族的兴亡。"1986年，王通讯研究员在《人才学教程》中呼吁："把人才对策当作振兴中华总对策中一个重要组成部分。"1993年，沈荣华研究员在其主编的《第一资源论》中，直接简要地提出"人力资源是第一资源"，"应把开发人才作为我国一项基本国策"。

（3）提出了"自我设计"和"人才解放"的命题。早在1979年，王通讯等同志撰写的《试论人才成功的内在因素》一文就提出了人才"自己设计自己"的观点。1989年，叶尚志教授在《五四运动与人的解放》一文中就提出"人的解放要经历政治解放、经济解放、思想解放、才智解放的过程"。这对创新人才工作的体制机制具有启迪作用。

（4）提出了人才个体内在素质"五要素说"，并突出了人才"德"的要素和创新能力。20世纪80年代初，人才学界认为，人才个体内在素质由德、识、才、学、体等五大要素构成。它们之间相互联系，相互作用，相辅相成，是一个有机的整体。在改造客观世界过程中，需要有知识和体质，知识要有能力驾驭和运用，驾驭和运用知识要有识的指导，但最根本的还是德的统帅。同时，有的学者明确指出："科学在创新中形成，社会在创新中发展，历史在创新中前进，人才的本质特征在于创新。创新能力是最佳智能结构的首要组成部分"，"对大学生尤为重要的是培养创新能力"。据此，培养人才要全面地研究人才的基本要素，既要研究人才的识、才、学，又要研究人才的体，更要研究人才的德。在人才开发中，要全面开发人才的基本要素。其中，要把"德"的要素开发放在首位，把创新能力开发作为重点。

（5）揭示了人才成长基本原理"综合效应论"，发展了人才成长"内外因作用说"。笔者在《人才教育学》中写道："人才成长和发展，不是单因素、单方面条件引起的，而是内外诸因素相互作用的综合效应，是内在的、外在的诸规律相互作用的总和"；1990年又在《普通人才学》中概括地阐述了"综合效应论"："人才成长是以创造实践为中介的内外诸因素相互作用的综合效应。其中，内在因素是人才成长的根据；外部因素是人才成长的必要条件；创造实践在人才成长中起决定作用。"在该论著中，以人才成长基本原理批判了非科学的人才成长论——"遗传决定论""环境决定论""教育万能论"，并评析了教育学界以凯洛夫为代表的关于人的发展"三因素说"。这对人才培养和造就具有指导作用。

（6）揭示了"人才创造最佳年龄区"和"最佳年龄成才律"。以中国科学院赵红洲研究员为代表的许多学者通过研究发现，人才创造有个最佳年龄期，即人才创造的数量和质量进入高潮的年龄阶段，包括峰值年龄和区间年龄。一般而言，中青年往往是出成果的黄金时代，处于人才创造最佳年龄区。当然，这不是绝对的。这一规律启示我们，人才开发必须破除论资排辈的传统观念，实施"最佳期用人方略"。该规律是各级党组织和政府制定向中青年人才倾向政策的科学依据。

（7）揭示了人才过程及其阶段，以及个体人才成长的若干规律。湖南省科协杨敬东研究员在《潜人才学纲要》中提出了"人才成长三阶段：准人才、潜人才、显人才"的观点，并对潜人才作了系统而深入的论述；笔者及北京教育学院钟祖荣教授又在《普通人才学》中提出了"有效的创造实践成才律""人才过程转化规律"等个体成长和发展的必然性规律。这就启示我们,人才开发是个开掘-转化过程,必须依据人才成长和发展阶段理论和人才过程转化规律。同时,"有效的创造实践成才律"又启示我们,用人必须实施"重在实践用人方略"。

(8)总结了人才辈出的社会条件,指出了营造良好的社会大环境的重要性。以中宣部原副部长胡振民同志为代表的许多学者通过历史、现实的考察,概括出人才辈出的社会历史条件。彭文晋教授在《人才学概说》中指出:"安定的社会环境,崇尚科学、爱才举贤的社会风尚,学术民主、争鸣自由的学术空气,科学的人才管理,发达的教育事业,是造成人才辈出的社会条件。"这对新时期新阶段人才环境建设具有借鉴作用。

(9)提出了人才群体结构优化命题。许多人才学研究者根据结构决定功能的组织结构学原理,提出了人才群体整体性功能决定于群体结构优化。优化的人才群体结构具有放大、感应、互补、师承、团聚、自调节等功能。组建优化的人才群体结构,应遵循"高能为核"原则、精干原则、协调原则、互补原则、动态原则等,其中贯彻"高能为核"原则尤为关键。这对组建高效的人才结构,特别是领导班子和管理群体,具有重要的现实意义。

(10)提出了人才资源市场配置理论。1988年,当时上海市人事局研究室主任胡泽思同志在其主编的《商品经济与人才资源配置》一书中,首次提出"社会主义人才市场"的命题,并提出以人才市场作为人才配置的基础。接着河海大学赵永乐教授在其所著的《人才,走向市场——人才市场学概论》中,就人才市场的概念、本质、特征、作用、运作机制、运行功能、供给与需求,以及我国人才市场开放的依据、承受能力、步骤等系列问题作了较为详尽的论述和论证。他最后指出:"人才市场是走向未来的事业,具有强大的生命力。我们坚信,在人才市场的自由王国里,人才将成为真正的主人。"

(11)提出了人才资源开发整体相关论。笔者在《人才资源优化策略》中提出了"人才资源也是一个系统"的观点。它是由一系列相互关联的人才资源要素构成的完整综合体。据此,人才资源开发是一个系统工程。作为系统工程的人才资源开发,就得遵循系统论的基本原理——整体相关性,即系统的整体与部分、部分与部分、系统与环境之间的整体联系统一性,并以此为理论基础达到人才资源开发最优化。这就为推进人才资源的整体性开发,实现人才工作的协调发展,提供了理论基础。

(12) 提出了西部人才开发论。早在 1985 年,中国人才研究会在贵州贵阳召开了"中国西部人才开发研讨会"。与会代表一致认为,西部农村地区人才开发之本在于强化人才的自培能力,即人才的"造血机能";并提出要四个"高度重视":"高度重视农村领导管理人才的培训开发;高度重视农村'乡土人才大军'的培训开发;高度重视农村少数民族人才的培训开发;高度重视农村人才源的培训开发"。1986 年,王通讯研究员在《人才学教程》中又概括地提出了"西部人才开发战略":"充分发挥现有人才作用是当务之急;通过人才智力引进调整人才结构;强化自身的人才造就机制是根本途径"。这些对当时西部省份制定人才资源开发规划有一定启示作用。

实践证明,人才学理论研究已取得丰硕成果,应该说已对我国的人才开发工作起到了积极推进作用。在看到成绩的同时,我们也清醒认识到,人才学研究,特别是人才学基础理论研究还处于滞后状态,还不能适应新世纪、新阶段、新形势下对人才研究新要求。譬如"社会主义市场经济体制下人才成长和开发的特殊性研究";"全球化背景下特别我国加入 WTO 后人才开发的新情况、新问题研究";"人才强国的战略研究""人才的安全研究"不同类型人才的价值、特征和成长规律研究,特别是高层次、高技能人才成长规律研究等等。我们必须高度重视存在的问题,采取各种积极有力措施加以解决。

三

我国正在实施的人才强国战略为中国人才学的发展,提供了强大的内在动力。中国人才学正处在前所未有的大好发展时机。我们应抓住这个时机,深化和完善中国人才学的理论体系。笔者认为,可从以下五个方面来考虑。

第一,要突出重点,攻克人才学研究的难点和关键。譬如人才的计量研究、人才的价值研究、人才成长和发展规律的研究,特别是高层次、高技能人才的成长和发展规律研究,以及各类人才的特点和成长发展规律特殊性的比较研究等等。

第二,要运用实证研究法,强化专门人才学的研究。当前特别要围绕完善社会主义市场经济体制和经济全球化所需要的专门人才进行研究。譬如对市场中介人才的研究、质量检验人才的研究、财税审计人才的研究、国际金融人才的研究、外贸人才的研究、跨国企业经营管理人才的研究等等。

第三,要运用综合研究法,强化人才交叉学科的研究。当前,尤为重要的是加强人才市场学研究、人才信息化研究、人才生态学研究、人才法学研究等。

第四,要加强人才史学的研究。探索中国人才思想和制度发展的轨迹及其规律性,做到古为今用。

第五,要加强对外国人才思想和制度的研究。特别要了解和掌握国外有关人力资本和英才研究的前沿和动向,做到洋为中用。

为此,提出下列建议:

第一,要加强人才研究的规划及其组织制度建设。建议建立全国人才科学研究规划领导小组,下设办公室;由该组织制定全国人才研究规划,定期向全国发布人才研究课题,引导和组织全国人才研究者和实际工作者申报课题,并给予批准者必要的课题经费资助。

第二,提高人才学学科地位。由三级学科提升为二级学科,从"源头"上吸引和集聚人才学研究队伍,巩固和发展中国人才学。

第三,加强人才研究机构和队伍建设。建议在国家和省市自治区两级层面上,建立和加强人才研究机构及其网络,建立人才学专家信息库,建立和发展中国人才学学科带头人队伍。

第四,加强人才学的学习、宣传和普及工作,提高领导干部和组织人事工作者的人才理论素养。建议各级党校、行政院校开设人才学课程,新一轮党政领导干部培训应把人才学作为主修课程,特别应把人才学作为组织人事工作者资格岗位培训的必修课。建议人才学融入大学生成才教育,作为普通高校学生的公共选修课,在师范院校应作为公共必修课。

我们相信,在党和国家高度重视和大力支持下,经我国广大人才理论工作者和实际工作者共同努力,具有中国特色、中国风格、中国气派的人才学派,定能在实施人才强国战略的进程中形成和发展,定能走向世界,为充实和丰富世界人才资源的理论宝库,贡献我们的力量。

主要参考文献:

[1] 王通讯. 人才学通论[M].天津:天津人民出版社,1985.

[2] 叶忠海,陈子良,缪克成,杨永清. 人才学概论[M].长沙:湖南人民出版社,
    1983.

[3] 彭文晋. 人才学概述[M].哈尔滨:哈尔滨工业大学出版社,1983.

(本文形成于 2004 年 7 月,该文基本观点于当年 8 月在《人才市场报》发表,后收录于《叶忠海人才文选》,高等教育出版社,2009 年 12 月。)

以文化自信和创新的思想定力加快推进中国人才学派建设

2016 年 5 月，习近平总书记在全国哲学社会科学工作座谈会上发表了重要讲话；2017 年 5 月，中共中央印发了《关于加快构建中国特色哲学社会科学的意见》。人才学科是哲学社会科学大家族中的重要一员，人才学研究者应积极响应中央的号召，以文化自信的精神力量加快构建中国特色人才学科，支撑中国特色哲学社会科学的构建。

一、文化自信的内涵和意义

党的十八大以来，习近平总书记曾在多个场合提到文化自信，传递出他的文化理念和文化观。在 2014 年 2 月 24 日的中央政治局第十三次集体学习中，总书记提出要"增强文化自信和价值观自信"。之后的两年间，又对此有过多次论述："增强文化自觉和文化自信，是坚定道路自信、理论自信、制度自信的题中应有之义。""中国有坚定的道路自信、理论自信、制度自信，其本质是建立在 5 000 多年文明传承基础上的文化自信。"2016 年 5 月和 6 月，他又连续两次对"文化自信"加以强调，指出"我们要坚定中国特色社会主义道路自信、理论自信、制度自信，说到底是要坚持文化自信"；要引导党员特别是领导干部"坚定中国特色社会主义道路自信、理论自信、制度自信、文化自信"。在庆祝中国共产党成立 95 周年大会的讲话上，总书记对文化自信特别加以阐释，指出"文化自信，是更基础、更广泛、更深厚的自信"。其语境更为庄严，观点更为鲜明，态度更为坚决，传递出这既是文化理念又是指导思想。文化自信于是成为继道路自信、理论自信和制度自信之后,中国特色社会主义的"第四个自信"。①

中国文化自信的底气来源于博大精深的中华优秀传统文化,艰苦奋斗、奋发向上的革命文化,承前启后、继往开来的社会主义先进文化。文化自信是其他"三个自信"的根基,是汇集中国力量的"凝聚力",是弘扬中国精神的"支撑力",实现中国梦的"源动力"。其不仅直接关系到中国特色哲学社会科学体系建成的重大问题,更为重要的是关系到中华民族屹立于世界民族之林的重大问题,关系到中华民族伟大复兴中国梦实现的重大问题。正如习近平总书记指出的那样:"文明,特别是思想文化,是一个国家、一个民族的灵魂。无论哪一个国家、哪一个民族,如果不珍惜自己的思想文化,丢掉了思想文化这个灵魂,这个国家、这个民族是立不起来的。"

二、中国特色哲学社会学科建设必须坚定文化自信

关于此问题,可从以下三个方面加以阐述:

一是由学科的文化属性所决定。文化,从狭义来说,指的是人类社会精神活动成果的反映,体现人类的智力文明进步和精神文明发展。当然,其包括科学进步、学科发展。文化自信,包含学术、学科自信。文化自信,不仅对学科建设提出了有针对性的基本要求,更为重要的是为中国特色的学科建设提供了基础性的指导思想。

二是应对西方霸权话语的挑战与冲击所需。中国面临着复杂的国际形势,其中较大的困境是认同的困境、文化的困境。哲学社会学科领域还不同程度存在着西方主流话语的隐性压制和支配的问题。文化问题应通过"文化的方式"加以解决。学科的隐性压制问题,只有通过坚定文化自信、学术自信,加快自身学科建设,夯实自身学科来解决。如果离开了对

① 文化自信——习近平提出的时代课题[EB/OL].(2016-08-05)[2017-05-09].http://www.xinhuanet.com/politics/2016-08/05/c_1119330939.htm.

自身文化的崇敬和热爱,是很难建设具有中国特色的哲学社会科学学科的。

三是由中国人才学科史实所证明。笔者作为中国当代人才学发展历程的见证人,深深体会到人才学就是在中国人才学人的文化自信和创新中产生和创建,并在坚定文化自信和创新的思想定力中排除种种阻力得到发展的。一部中国人才学史,就是当代中国人才学人坚定文化自信和创新的思想定力下的学科建设史。文化自信、学术自信是人才学产生和发展的内在精神力量。正是这种意志力,使中国人才学人有勇气应对来源于西方和传统学科的学科隐性压制。没有文化自信、学术自信,也就没有中国民族性、原创性的人才学。文化自信与学科建设是互相推进的:文化自信,推进中国特色的学科建设;学科建设的推进,又能进一步增强文化自信。

当然,我们讲的文化自信,不是盲目自信,而是来源于对事物价值和本质的清醒认识,是建立在对事物主客体的全面分析基础上的理性自信。中国人才学人之所以对人才学充满着自信,是基于人才学是应时代呼唤而生的新兴学科,是一门以其独有的学科特质,能满足社会的需要,具有强大生命力的学科。我们强调的文化自信,不仅不排斥国外先进的学术成就,而且是在学术自信的思想基点上,积极吸收国外相关的有益的理论观点,为本学科建设所用,努力构建以中国元素为根本、融入国际元素而形成的人才学理论体系。

三、以学术自信为核心,加快完善人才学的"三大体系"

(一) 深入学习坚决贯彻习近平总书记关于文化自信和建设中国特色哲学社会科学的重要讲话精神

人才学界要把握好继承性、民族性,深刻领会"越是民族的越是世界的"的理念;把握好主体性、原创性,深刻领会"我们的哲学社会科学有没有特色,归根到底要看有没有主体性、原创性"的意涵;把握好系统性、专业性,深刻领会"理论不彻底,就很难服人"的论述,以及总书记对哲社学科"三大体系"的总体评价。在此基础上,我们要进一步系统总结人才学发展之路,发扬成绩,提升经验,完善不足。

(二)加快完善人才学的学术体系

学术体系包含知识理论体系和研究方法体系。就知识理论体系而言,主要体现为概念生成、知识创新、理论建构等。学术体系是学科体系的支撑,离开学术体系,学科体系将流于空泛;话语体系是学术体系的呈现和表达,没有学术体系作为内涵,话语体系只能徒具形式。可见,在上述的"三大体系"之间,学术体系是核心。据此,应以学术体系的完善,带动人才学的其他两大体系的完善。

要充实和丰富人才学的知识理论体系。进一步挖掘和梳理中国历史上进步的人才思想和可借鉴的人事制度,丰富中国人才思想史、制度史。进一步通过跨学科多视角积极探索人才学的知识结构,深化对人才价值、人才规律、人才异化、人才活力、人才流动等基本问题研究。

形成人才学研究方法体系。在大数据时代背景下,根据人才学的学科性质和特点,着力探索人才学研究方法,使人文方法和数理方法相结合,进一步提高研究方法专业化水平,期待早日有一部关于人才学研究方法的专著问世。

(三)加快完善人才学的学科体系

根据我国社会变革和发展的需要,以及学科发展自身的内在逻辑,全面梳理和规划人才学学科体系的建设。

要拓展和厚实人才学三级学科。根据《学科分类与代码》,一则拓展领域,补齐短板,形成新的三级学科,如人才文化学、人才社会学、人才比较学等;二则厚实已有的三级学科,如人才哲学、人才法学等,以巩固和发展人才学的二级学科地位。

(四)加快完善人才学的话语体系

要增强话语体系建设的意识和能力。在加快完善人才学知识体系过程中,进一步提炼人才学的专业名词、专业术语、专业短语。

以教学任务带动人才学话语建设。继续力争人才学进入国务院学位办招收研究生专业的培养目录;逐渐使人才学成为高校,特别是师范院校的公共选修课,成为组织人事工作者培训的必修课,以及逐渐在中等学校和企业教育中落地。

组织学术力量,开展人才学翻译工作。一是开展人才学专业术语的汉英对照研究,编制和出版人才学汉英词典;二是创造条件,将中国学者的人才学专著介绍到国外。

加强与海外人力资源机构和组织的交流和合作。定期或不定期举办人才学和人才资源管理国际论坛,增加国际学术舞台的话语权,在交流和合作中扩大人才学的学术影响。有条件的高校和研究机构可在海外设立中国人才学研究和培训中心。

(五) 在党管人才原则下"多力合一"推进人才学科建设

党和政府人才主管部门通过编制规划、制定政策、加大投入,推进人才学科建设;并发动人才科研院所(中心)、高校人才研究机构、人才研究团体根据各自优势和特点推进人才学科建设。

高校、科研院所是人才学科建设的基地和主力,通过科研项目和教学任务带动人才学科建设。当前,要增强战略思考和危机意识,坚持不懈地着力建设人才学专业研究生教育学位点。从源头上吸引和集聚人才学教学和研究队伍,巩固和发展人才学教学阵地。

人才研究专业社团集聚了一大批人才学研究专家学者,他们是人才学科建设的社会推动力,可发挥组织、纽带、桥梁作用,为发动和组织理事、会员参与学科建设,协助党和政府人才主管部门为人才学科建设贡献力量。

总之,中国人才学人不能辜负党和国家的期望,要坚定文化自信,加快推进中国人才学派的建设,为促进人才工作科学化、促进人才全面发展贡献应有的力量!

主要参考文献:

[1] 习近平.在哲学社会科学工作座谈会上的讲话[M].北京：人民出版社，2016.

[2] 关于加快构建中国特色哲学社会科学的意见[Z].2017-05-16.

[3] 赵银平.文化自信——习近平提出的时代课题[J].理论导报,2016(8):15-20.

[4] 叶忠海.坚持文化自信和创新 推进中国人才学派建设[J].人事天地,2016(12):23-26.

[5] 陈金龙.学术自信：构建中国特色哲学社会科学的基础[EB/OL].(2016-06-13)[2017-05-15].http://sky.guizhou.gov.cn/.

（该文刊于齐秀生主编《人才研究（第一辑）》,2018 年 1 月。原名为"以文化自信的精神力量 推进中国人才学派建设"。）

巩固和发展中国人才学学派的再思考

2004 年 8 月,笔者在上海举行的纪念邓小平诞辰 100 周年大会上,提出了"以马克思主义人才观和邓小平人才创新思想为指导,创建和发展中国人才学学派"。15 年来,我国人才学学科和学派,在原有基础上得到了进一步发展,但在发展过程中也存在着不可忽视的问题。本文仅就中国人才学学派的巩固和发展问题再作些简要的思考,以引起中国人才学界的重视。

一

学派,即学问或学术派别。该词英语为 school,源于希腊文 skhole。一般认为,科学学派可分为多种类型,一是"师承性学派",是指因师承传授以致门人弟子同治一门学问而形成的学派。如中国先秦时期涌现的儒家、墨家、道家、法家四大学派,就充分体现出"师承性学派"的特征。二是"地域性学派",是指不同国家、地区因研究某一问题而形成各具特色的学术群体。如近代西方经济学界相继涌现的芝加哥学派、奥地利学派、瑞典学派、洛桑学派等。三是"主题性学派",或称"问题性学派",是指同一国家、地区在研究同一主题过程中所形成的具有特色的学术群体。科学学派,是科学精英学术思想的集中体现,是一个国家、民族在科学领域理论思维的重要标志,也是人类文明的重要组成部分。研究科学学派对促进科学技术发展,推动整个人类社会进步,既有重要的现实意义,又有深远的战略意义。

研究表明，一个科学学派，即学术共同体，一般具有如下要素：共同的研究主题、价值观、理论取向、学术特色和风格、群体意识、研讨氛围以及学术带头人等。其孕育、破土、成长和发展，也是内外诸因素相互作用的综合效应过程。

就学派外部因素而言，历史充分证明，社会变革和开放、思想解放、崇尚科学、学术自由、注重人才等因素有利于学派的成长和发展。社会变革时期，由于生产关系的变革，耸立其上的一切旧的社会意识形态，必然随之发生相应的变化。旧的传统观念，失去了原有的控制力量而受到批判，新思想、新理念不断涌现。社会变革促进思想解放、百家争鸣、学派林立。中国的春秋战国及古希腊时代学派林立的局面，正是那个时代发生重大社会变革的产物。

就学派内部因素而言，研究表明，学术民主、科学伦理、群体心理、人员组合、承继关系、带头人水平和品格等因素直接关系到学派的成长和发展。最为典型的是哥本哈根学派的形成和发展。该学派是由量子理论创始人、诺贝尔物理学奖获得者玻尔任哥本哈根理论物理研究所所长起步培植的。他倡导并践行开放、民主、自由的学术精神和研究氛围，使该所成为当时众望所归的世界上最活跃的学术中心之一。最初十年，就有 17 个国家的 63 位学者到该所做访问学者或从事研究工作，形成了学派型人才链。不仅如此，哥本哈根学派的学术自由精神还对日本理论物理学派的建立有很大影响。

二

在中国人才学诞生 40 年的今天，经人才学界同仁们的共同努力，人才学已成为社会学下位的二级学科，并已下设"人才学理论""人才史""人才统计学""人才经济学""人才社会学""人才地理学""人才心理学""人才教育学""人才管理学""人才战略学""专门人才学""人才学其他学科"等 12 个三级学科，并在管理学下保留"人才开发和管理"三级学科。在学科类型、学科研究对象、学科框架结构、学科主轴（线）、学科内容和术语、学科研究方法等方面,均形成了有别于西方引进的人力资源管理学的中国特色。我们可以自豪地说,相对于国际人力资源学界而言,中国已形成了人才学学派。在人才学学术共同体内,已形成下列学派特征:

(1) 有着共同的研究主题:人才和人才问题;

(2) 有着共同的价值观:为促进人才全面发展,促进人才工作科学化,进而为中华民族伟大复兴提供人才支撑;

(3) 有着共同认可的学科理论体系和共同的学科特色:强调人才的创造性、强调人才的价值、强调人才成长和发展规律的研究、强调人才的整体性开发等;

(4) 有着共同的群体核心:以中国人才研究会及其人才学专业委员会为代表的核心;

(5) 有着共同的研究氛围:学术民主、自由探讨、相互尊重、相互切磋、求同存异的研究氛围,建立了综合性研讨与专题性研讨的长效机制;

(6) 有着共同的群体意识和心理:文化自信、学术自信、勇于创新的群体意识和心理,中国人才学人认为,任何一门学科的存在价值及其大小,不在于国外有无该学科,也不在于有无权威、领导扛大旗,而是取决于学科是否满足和在多大程度上满足社会发展需要。

中国人才学学派孕育、成长和发展于中国改革开放时代。在解放思想、实事求是、与时俱进的思想路线指引下,中国人才学诞生了,形成了中国人才学学派。改革开放是中国人才学学派形成和发展的总背景、总条件。没有改革开放,就没有中国人才学及其学派。而在 21 世纪初党和国家提出实施人才强国战略以来,特别是提出"人才资源作为第一资源""加强人才学科和研究机构建设"以来,人才学及其学派发展有了强劲的动力,人才学学派发展的步伐也加快了。

从学科学派自身条件而言,科学史表明,处于"社会需要"与"科学内在逻辑"交叉点上的学科,称为"当采学科"。科学突破点往往就发生在这个交叉点上,当采学科是科学成果累累的学科,或者是只要在该领域部署力量加以投入,就可以获得重大科学成果的学科。人才学诞生、成长和发展的历程表明,人才学正处于社会需要与科学发展内在逻辑的交叉点上,正在发展或者说已发展成为当采学科。从科学发展内在逻辑而言，关于人的科学的发展，包括"人学""人体科学""脑科学""认知神经科学"等科学发展支撑人才学发展为当采学科，"创造学""人工智能与技术学"等相关学科的发展，又托起人才学发展成为当采学科。这些均是形成和发展人才学学派内在的学科因素。此外，一大批以中青年为主的中国人才学人，应时代的呼唤，想国家之想，急国家之急，以高度社会责任感，抓住了改革开放和人才强国的大好时机，在文化自信和创新的思想定力下，解放思想，排除艰难，勇于探索，开创了中国人才学，这是形成和发展中国人才学学派的内在人为因素。

三

当前，我国正处于建成社会主义现代化强国，实现中华民族伟大复兴的征程之中，党和国家将人才提高到前所未有的战略高度。党的十九大以来，习近平总书记多次强调要"确立人才引领发展的战略地位"。这是我国发展人才学及其学派的历史机遇。与此同时，从人才学教学和研究队伍来看，也应清醒看到，随着一部分老同志因年龄因素退出研究群体，军队同志因部队新规定而离开研究群体，又由于人才学至今未列入国务院学位办的研究生招生培养目录，直接关系到高校人才学课程的开设、教学研究队伍的积聚，我们的人才学研究共同体不可避免地受到影响，存在着危机感。对此，我们要下大力气巩固和发展中国人才学科和学派。

第一，在着力完善人才学的"三大体系"中发展人才学学派。我们要深入学习、坚决贯彻习近平总书记关于文化自信和建设中国特色哲学社会科学的重要讲话精神，以学术自信为核心，着力完善人才学的学术体系、学科体系和话语体系。其中，要以学术体系、话语体系为基础，拓展和厚实人才学三级学科。一则拓展领域，补齐短板，形成新的三级学科，如人才智能学、人才文化学、人才社会学、比较人才学等；二则深化研究，厚实已有的三级学科，如人才哲学、人才法学等。在此过程中，伴随三级学科拓展和厚实壮大人才学学派。

第二，吸收相关学科力量参与人才学研究，在交叉综合研究中壮大人才学学派。人才学是一门以社会科学为主的跨学科的综合学科，整体性、综合性是人才学典型的学科属性。人才学研究涉及自然科学、社会科学和人体科学的有关领域。人才学学科属性决定了其研究必须吸收相关学科的学术力量，开展跨学科的交叉综合研究。此外，我们还要充实和丰富人才学的知识理论体系，深化对人才价值、人才规律、人才异化、人才活力、人才流动等基本问题研究，也需跨学科、多视角加以积极探索。在此过程中，吸纳更多不同学科背景的研究人员加入，壮大人才学学派。

第三，坚持不懈为设立人才学研究生教育学位点而努力。四十年余的人才学历史告诉我们，建立人才学研究生教育学位点，是从源头上壮大人才学教学和研究队伍的根本之策，也是巩固和发展人才学派的基本路径。为此，高校和研究机构同志们要持之以恒地努力。要坚持开设人才学课程，借助别的专业设置人才学研究方向，培养研究生，以教学任务带动人才学基础研究；并积极承担人才研究项目，以项目为纽带，组织力量攻关，以此积累成果、集聚队伍，创造条件加以突破。

第四，坚持发扬开拓创新的精神。科学学派是一个探索未知世界的学术共同体，只有对未知世界进行不断开拓创新，学派生命力才能延续。这就要求作为构成学派机体的细胞——共同体成员，应当始终保持文化自信和创新的思想定力，在本学科领域以自己的开拓创新来丰富和发展本学派。中国人才学是一门前所未有的、新兴的现代科学，其学派成员更应如此。要使人才学派保持旺盛的生命力，每一位人才学学派成员就必须要有创造活力，时时在人才学领域发现学科的生长点，时时酝酿学科的新突破。对此，学派带头人不仅自己要有非凡的战略思维、高瞻远瞩的慧眼，把握研究方向，率先开拓创新，而且要热情鼓励与支持学派成员发挥各自的智能优势和特长勇于创新，特别要欢迎学派成员提出与自己不同的甚至反对的学术观点，营造学派内部浓厚的学术民主氛围。只有这样，人才学学派才能散发出新的学术光辉。

第五，着力吸纳年轻的人才研究者。青年是事业的希望，决定着事业发展的未来。人才学学派的巩固和发展也不例外。作为人才学学术共同体,要关注掌握在人才课题研究中年轻学者的涌现,关注掌握相关专业研究生教育学位中人才研究硕士博士的产生,采取举办青年学者人才论坛、评选和表彰青年学者优秀研究成果等多种举措,吸引他们参与学派的学术活动,使他们融入学派之中,成为人才学学派的生力军。

第六,"多力合一"推进人才学学派发展。要坚持党管人才原则,充分发挥党的政治、组织的优势。在此原则下,党和政府人才主管部门通过编制规划、制定政策、加大投入,推进人才学学派发展,并发动高校人才研究机构、人才科研院所(中心)、人才研究团体等根据各自优势和特点,在合力推进人才学科过程中壮大人才学学派。

让我们在"加快建设人才强国"征程中,坚持以文化自信和创新的思想定力,携起手来,为丰富完善人才学学科、巩固发展人才学学派而努力奋斗。

主要依据文献:

［1］习近平.在哲学社会科学工作座谈会上的讲话［M］.北京：人民出版社,2016.

主要参考文献:

［1］邓伟志.学派初探［M］.重庆：重庆出版社,1989.

［2］叶忠海.以文化自信的精神力量,加快推进中国人才学派建设［J］.人才研究,2017(12)：13 - 17.

［3］叶忠海.科学发展的逻辑与人才科学体系的完善［J］.人事天地,2016(7)：15 - 18.

［4］叶忠海.中国人才学三十年：历程、评价和展望［M］.北京：党建读物出版社,2015.

(本文先于 2019 年 6 月中国人才研究会人才学专业委员会年会上发布,后刊于《北京教育学院学报》2019 年第 5 期。)

科学发展的逻辑与人才科学体系的完善

《人才规划纲要》明确提出，要深入开展人才理论研究，加强人才学科建设，创新人才发展理论。这为人才学的新发展、建设人才科学体系，提供了强大的动力和难得的机遇。本文从科学发展的内在逻辑的视角，指出人才学正在发展成为当代的"当采学科"，应紧抓"当采"的时机，深化和完善人才科学体系。

一、科学发展内在逻辑性的概述

科学是关于自然、社会和思维的知识体系。它以概念、定义、原理、定律、公式等逻辑形式反映客观存在。其一经形成科学结构体系，便具有相对独立性，有其内在的发展规律。这种发展规律表现为科学发现的内在逻辑性，这在自然科学发展中体现得尤为明显。

在一个历史时期，自然科学重大成果有明显的"富集"倾向，即集中在一个物质层次和一种运动级别之中。这种"富集"倾向总是沿着下列方向进行着：由宏观物质层次向微观物质层次转移；由结合能低的运动级别向结合能高的运动级别转移。两者的合成方向，是一个对角线方向，就是科学史上科学发现的"当采方向"。如果把物质层次比喻矿床，那么科学发展的过程与采掘过程十分相似。在特定的历史时期，重大成果"富集"的学科则称为"当采学科"。科学发现的逻辑次序性，就具体表现在当采学科的转移上。下面是自然科学史上的当采学科的转移：

1540—1710 年，当采学科是力学，处于宏观层次与机械运动的交叉处；

1630—1730 年，当采学科是热学，处于分子层次与热运动的交叉处；

1780—1900 年，当采学科是化学，处于原子分子层次与化学运动的交叉处；

1810—1920 年，当采学科是电磁学，处于原子电子层次和电磁运动的交叉处；

1920 年代开始，核物理（包括基本粒子物理）进入了当采学科的行列。

二、人才学科正发展成为当代的当采学科

（一）从社会需要视角分析

从国际层面来看，当今世界综合国力竞争日趋激烈。其中，人才竞争又是综合国力竞争的核心。历史充分证明，综合国力竞争归根结底是人才竞争。哪个国家在人才开发上领先一步，其就能在竞争中占据优势和主动。研究和解决人才问题已成为世界各国的头等大事。

从国内层面来看，我国为实现"两个一百年"奋斗目标，需要强大的、优质的、结构优化的人才队伍加以支撑。为此，党和国家提出人才强国战略，制定和实施《人才规划纲要》。党的十八大提出实施"创新驱动发展战略"，习近平总书记多次指出，"创新驱动实质上是人才驱动"。可见，当今时代，党和国家把人才问题提高到前所未有的高度，显示出前所未有的紧迫感。

（二）从科学发展内在逻辑分析

人的科学的发展，支撑人才学发展成为当采学科。人学研究已成为哲学界研究的主题和重心，正在形成"人学"形态的马克思主义哲学，直接为人才学发展提供理论基础。人体科学已成为国际社会科学攻关的聚集学科。自 20 世纪 80 年代始，国际学术界围绕人体自身，从不同学科视角开展研究，并已取得突破性进展。如遗传基因研究、脑科学研究、认知神

经科学研究、生命全程发展心理学研究等。这些研究成就为人才成长和发展的内在机理研究奠定了理论依据，提供了科学营养。

相关学科的发展，托起人才学发展成为当采学科。创造性是人才学主轴，其贯穿于人才学理论体系，人才概念的界定、人才价值的衡量、人才成长和发展、人才开发的着力点，均离不开创造性。创造学是研究人的创造性和创造活动规律的学科，是人才学的理论基础。创造学的创立和发展，有力地促进人才学的发展。人才成长和发展离不开外部环境，特别是社会环境。研究人才社会环境是人才学的重要内容。社会学是研究社会现象及其规律的学科，也是人才学的理论基础。社会学的发展，必将能有力支撑人才学的发展。人才开发研究是人才学的重要组成部分，而人力资源管理学的发展也将促进人才学的发展。

人才学自身发展有着强大的生命力。作为新兴学科的人才学，与其他新生事物一样，经历了曲折的发展道路，有着旺盛的生命力和不可战胜的本质特征。人才学的生命力，还在于其自身有着很强的自生殖能力，即自我增殖能力。任何一门科学，只要形成知识结构体系，都有一定量的潜在智能吸收和释放，或者吸收别的理论体系的合理内核，或者向外推论产生新的理论。概言之，即有一种超出自身的异己力量。而当人才学由三级学科提升为二级学科后，其自生殖能力的空间也大大拓展了。

据笔者不完全统计，1979—2013 年的 35 年中，我国人才学著作出版总量 1 784 部，年均出版量为 50. 97 部。其中，1979—2001 年这 23 年期间，年均出版量只有 25. 87 部。自 2002 年党和国家提出人才强国战略后，经前 23 年的积累，人才学科进入繁荣发展时期。2002—2013 年这 12 年共出版人才学著作 1 192 部，占 35 年出版总量的 66. 81％，年均出版量为 99. 33 部。特别是 2010 年《人才规划纲要》出台后，人才学著作出版呈现井喷式增加，2010—2013 年就出版著作 644 部，年均出版量为 161 部。人才学著作出版的这种"当采现象"，有力地说明了人才学科正在发展或者说已发展成为"当采学科"。

三、深化和完善人才科学体系

（一）人才科学体系的构成

研究表明，人才科学体系由人才历史学、理论人才学、交叉人才学、专门人才学、外国人才研究五部分构成。

人才历史学，包括人才思想史、人才制度史、人才实践史、人才学科史等。

理论人才学，包括马克思主义人才论、人才学基础理论（人才学原理）、人才学应用理论、人才学研究方法等。

交叉人才学，也称人才学交叉学科，包括人才哲学、人才经济学、人才社会学、人才法学、人才文化学、人才生态学、人力地理学、人才伦理学、人才美学、人才心理学、人才教育学、人才管理学、人才战略学、人才统计学等等。

专门人才学，根据不同视角可划分为多类专门人才学。按研究不同范围人才现象分，可分为微观人才学（个体人才学）、中观人才学（群体人才学）、宏观人才学（社会人才学、区域人才学）。按研究不同领域人才现象分，可分为政治人才学、军事人才学、经济人才学、社会人才学、法学人才学、文化人才学、科技人才学、教育人才学、医药卫生人才学、艺术人才学、体育人才学等等。按研究不同职业属性人才现象分，可分为党政人才学、企业经营管理人才学、专业技术人才学、农村实用人才学、技能人才学、社会工作人才学等等。按研究不同性别年龄人才现象分，可分为女性人才学、青年人才学、中年人才学、老年人才学等。

外国人才研究，包括国别人才研究、跨国人才比较研究、全球人才研究等。

（二）深化和完善人才科学体系的思路和举措

30余年来，不同成熟度的人才史学、交叉人才学、专门人才学逐渐形成，已初步形成以理论人才学为基础的人才科学体系。然而，形成的人才科学体系毕竟处于初步阶段，该体系内的诸构成成分——分支学科发展不平衡，特别是基础性的主干分支学科需协调发展。这一点在现代科学不断变革加速发展、人才实践活动越加丰富的今天尤为如此。我们要抓住人才学发展成为当采学科的时机，完善人才科学体系。具体包括以下几个方面的工作：

编制规划。党和政府人才主管部门制定人才学研究规划，并发动人才科研院所、高校人才研究机构、人才研究团体根据各自优势和特色制定人才学研究规划，形成人才学研究规划系统，以此来保障人才科学体系深化和完善。

科研攻关。围绕人才学研究的重点，对基础理论研究的重点和应用研究的重点组织攻关。引导和组织校校协作、校所协作、校企协作等多种形式的"科研联合体"协同攻关，以及联合不同学科人员组成研究联盟合作攻关，突破人才和人才问题研究的难点和关键点，以科研项目带动人才科学体系的深化和完善。

教学带动。以人才学研究生教学单位为基地，在开设专业基础课、专业课、系列专题讲座的教学过程中深化人才学研究，以完成教学任务带动人才科学体系的深化和完善。

成果出版。其是人才学研究成果社会承认的主要形式，是人才科学体系深化和完善的客观标志。高校、科研院所、出版社可建立一体化机制，以利于人才学研究成果问世。2013年，中国人事科学研究院与党建读物出版社合作，成功申报国家出版基金项目"人才强国研究出版工程"。这项工程有力地推进人才科学体系的深化和完善，对人才学发展具有里程碑意义。

"多力合一"推进。首先是党和政府的引领力。通过编制规划、制定政策、加大投入等渠道引领人才学发展。高校、科研院是人才学研究的基地和主力，通过科研和教学，推进人才学发展。专业社团是人才学研究的社会推动力。人才研究专业团体，集聚了一大批人才学研究专家学者，他们具有研究的专业特长和优势，有的为人才学创建和发展作出了不可磨灭的贡献。专业团体可发挥组织、纽带、桥梁的作用，发动和组织专业团体的理事和会员参与研究，给项目、给经费、给条件、给研究自主权，为人才科学体系深化和完善贡献力量。

笔者坚信，在党和国家高度重视和大力支持下，经我国人才理论工作者和实际工作者携手努力，在实施人才强国战略过程中，人才科学体系定能不断地深化和完善，为丰富世界人力资源的理库贡献一份力量。

主要参考文献：

［1］赵红州.科学能力学引论［M］.北京：科学出版社,1984.

［2］叶忠海.普通人才学［M］.上海：复旦大学出版社,1990.

［3］叶忠海.人才学基本原理研究［M］.北京：高等教育出版社,2009.

［4］叶忠海,郑其绪.新编人才学大辞典［M］.北京：中央文献出版社,2015.

（本文曾在 2014 年 8 月中国人才研究会人才学专业委员会学术年会上的发布，后刊于《人事天地》2016 年第 7 期。）

附　　录

叶忠海人才学学术思想研讨会纪要

由中国人才研究会人才学专业委员会与华东师范大学人文与社会科学研究院、人才发展研究中心等单位联合举办的"叶忠海人才学学术思想研讨会"，于2019年6月在华东师范大学举行。华东师大原党委副书记、副校长、校老教授协会会长杜公卓，中国人才学研究会秘书长韦智敏，上海第二工业大学原党委书记、中国人力资源开发研究会女性人才研究会理事长徐佩莉，中国人事科学研究院原院长兼人事与人才研究所原所长王通讯教授，中国石油大学(华东)原党委书记、人才学专委会理事长郑其绪教授到会致辞。来自各高校、各单位的人才学专家、学者、研究生等80余人，参加了此次研讨会。会议由华东师范大学人文与社会科学研究院院长吴瑞君教授、郑其绪教授、人才发展中心主任黄健教授共同主持。

领导和嘉宾致辞后，由叶忠海教授作主题演讲。然后，各位人才学专家热情踊跃发言。中国人才研究会副会长、中国政法大学原党委副书记、副校长马抗美教授，中国人才研究会副会长、北京教育学院副院长钟祖荣教授，人才学专业委员会常务副理事长、西南大学罗洪铁教授，人才学专业委员会副理事长、北京大学萧鸣政教授，人才学专业委员会副理事长、山东省政府参事齐秀生教授，人才学专业委员会副理事长兼秘书长黄健教授，人才学专业委员会顾问、山西大学刘翠兰教授，人才学专业委员会副理事长侯建东，国防大学政治学院何元茂教授、上海市科技党委办公室主任陈琦等相继发言，还有些专家作了书面发言。大家从不同角度，聚焦叶教授学术建树和工作精神。与会嘉宾、领导和专家一致认为，叶教授作为人才学创始人之一,四十年来,坚持人才学研究和教学相结合,引领与亲为相结合,继承与开拓相结合,信念坚定,砥砺前行,为人才学创建和发展作出了突出贡献。

第一,创建人才学理论体系。叶教授始终坚持人才学基础理论研究,从学术根基做起,抓住不放。从《人才学概论》(1983),牵头构建人才学的基本框架,到《普通人才学》(1990)、《人才学基本原理》(2005),再到《新编人才学通论》(2013),不断推进人才学的理论不断创新和体系不断完善。

第二,开拓人才学学科新领域。叶教授运用交叉综合研究方法,不断开拓,善于创新,先后在人才教育学、女性人才学、人才地理学等领域作出了原创性贡献,丰富和充实人才学学科体系。其中,他撰写出版的我国第一部女性人才学专著——《女性人才学概论》,成为女性人才学奠基之作。撰写出版的我国首部以"人才地理学"冠名的《人才地理学概论》,为人才地理学创建作出了奠基性贡献。

第三,着力推进人才学学科建设。叶教授身体力行,牵头率先在全国高校将人才学推上大学讲台,牵头撰写我国高校第一本《人才学》讲义。之后在中国人才研究会领导下,组建人才学教学研究会(人才学专业委员会前身),作为带头人凝聚人才学学界学术力量,举办人才学专题研讨会和论坛、组编人才学的理论丛书、教学丛书、辞典,不断推进人才学的学术体系、学科体系、话语体系的不断完善。叶教授为人才学进入《学科分类与代码》(国家标准),以及升格为二级学科作出了重要贡献。

第四,十分关心年轻学者成长和发展。叶教授积极创办青年学者论坛,带领和指导研究生和年轻学者参与重大项目研究,高度重视人才学队伍薪火相传。

与会领导、嘉宾和代表在致辞和发言中,对于叶教授在人才学领域取得的学术成就,以及四十年来坚忍不拔、锲而不舍、开拓创新的学术精神、对年轻人关心、培养和提携的高尚学术品德,均表示由衷的钦佩和致以崇高的敬意!大家一致表示,今后要深入学习坚决贯彻习近平总书记在哲学社会科学工作座谈会重要讲话精神,继承和发扬人才学前辈优良的学术精神和学术风气,继续保持文化自信和创新的思想定力,将中国特色人才学学科推向前进。

中国人才研究会人才学专业委员会

秘书处

2019.6.4

人才学跨学科发展座谈会纪要

　　2021 年 5 月 30 日，人才学跨学科发展与国际人才竞争态势座谈会在上海华东师范大学召开。会议由华东师范大学、中国人才研究会人才学专业委员会共同主办，来自中国政法大学、中国石油大学(华东)、西南交通大学、浙江大学、山东大学、首都经贸大学等全国各地 14 所院校和研究机构的人才学研究和教学工作者近 30 人参加了会议。会议分致辞、国际人才竞争态势研讨、人才学跨学科发展研讨、总结四个环节进行。

　　华东师范大学党委书记梅兵教授出席会议并致辞，她介绍了华东师范大学人才学学科发展历程，并结合自身从事神经生物学研究的经历，强调了多学科跨学科发展人才学的重要性。中国人事科学研究院原院长、西南交通大学组织建设与人才发展中心主任吴江教授在致辞中强调，人才强国战略是人才学科发展的重要背景，他从交叉学科建设的角度论述了人才学跨学科发展，申报交叉学科一级学科的价值。中国人才研究会副会长、人才学专业委员会理事长钟祖荣教授在致辞中简要回顾了人才学专业委员会发展的历史，阐明了新发展阶段贯彻落实习近平总书记关于人才问题的重要论述、推进人才研究新发展的意义，强调了加强人才研究机构和研究者的大团结、大联合共同促进人才学发展。华东师范大学人文与社会科学研究院院长吴瑞君教授主持了致辞环节。

　　国际人才竞争是我们研讨人才学跨学科发展的大背景之一。华东师大人才发展研究中心主任黄健教授、教育学部副部长朱军文教授主持了这一议题的讨论。针对国际人才竞争态势这一议题，吴江教授以《中美创新人才竞争的"修罗场"》为题作了专题报告，提出了人才治理需要转型的基础性系列新思考。吴瑞君教授作了《国际人才竞争的新动向》的专题报告,对中国人才引进带来的挑战进行了具体分析,并提出了若干建议。与会者就人才竞争、人才引进进行了讨论。

人才学跨学科发展是本次会议的核心议题。中国石油大学(华东)郑其绪教授、中国政法大学马抗美教授主持了这一议题的交流讨论。会议学习了党的十九届五中全会精神、习近平总书记对研究生教育工作的重要指示以及在两院院士大会上的最新讲话、国家关于交叉学科设置的通知要求,讨论了人才学在国家立足新发展阶段、贯彻新发展理念、构建新发展格局背景下,如何实现人才学的跨学科发展、服务国家发展战略大局的问题。人才学创始人之一叶忠海教授就人才学跨学科发展的紧迫性、可行性和构想进行了重点发言,就《关于人才学跨学科发展列入交叉学科的申请报告(讨论稿)》做了说明,提出了以"人才科学与发展战略"为名申报交叉学科的构想。随后,郑其绪教授、清华大学蓝志勇教授、中国政法大学马抗美教授、首都经贸大学徐斌教授、北京教育学院钟祖荣教授、山东大学唐贵瑶教授、浙江大学陈丽君教授、河海大学赵永乐教授、李峰副教授、贵州财经大学王见敏教授、西南交通大学张长岭主任、上海社会科学院汪怿研究员、华东师范大学黄健教授,以及马抗美教授等就各学校开展人才学研究和教学的情况进行了交流,就申报交叉学科构想进行了热烈的讨论,并提出了很有价值的建议。与会代表一致支持,在交叉学科门类下,在人才学科原有基础上,以设置"人才科学与发展战略"一级学科加以申报。

在总结环节,钟祖荣、吴江两位教授就会议内容特别是申报交叉学科进行了总结。会议取得了下列的共识:

第一,会议认为,在国家进入新发展阶段,研讨人才学跨学科发展,服务国家战略大局,这次会议是人才学学科建设历程中,在新发展阶段的一次重要会议。

第二,会议认为,人才学跨学科发展,既有其紧迫性,是提升国家综合国际竞争力的战略需要,是加快实施人才强国战略的迫切要求,也是人才学科自身可持续发展的急切需要;又有其可行性,人才学本身是一门具有中国特色、民族气派，以社会科学为主涉及多学科的综合性学科，40 多年来，已发展成为国家认可的二级学科。

第三，会议认为，以设置"人才科学与发展战略"一级学科加以申报交叉学科，既符合国家发展战略大局的要求，又传承和发展了人才学科，还更好体现交叉学科的特性。

第四，会议认为，人才学跨学科发展，申报交叉学科一级学科，既要各学校联合起来共同提出，争取各方面的支持；又要有条件的高校积极进行"试点"，以推进人才学学科建设和人才培养再上新台阶。

最后，与会代表精神振奋，均表示，会后在本职岗位上，努力加强人才学科建设及其人才培养，为全面建设社会主义现代化国家和人才强国，为实现中华民族伟大复兴中国梦贡献力量。

关于"人才科学与发展战略"增设为一级交叉学科的申请报告

国务院学位委员会、教育部：

在国务院学位委员会与教育部关于设置交叉学科门类决定的东风鼓舞下，由中国人才研究会人才学专业委员会和相关高校在上海华东师范大学联合召开了"人才学跨学科发展座谈会"。会议学习了党的十九届五中全会精神，习近平总书记的人才强国战略思想和对研究生教育工作的重要指示，以及国家关于设置交叉学科的通知，交流了与会高校人才研究与教学的现状、体会和未来发展目标，讨论了人才学科如何在国家立足新发展阶段，贯彻新发展理念，构建新发展格局，高质量发展的大背景下，如何跨学科发展，服务于国家发展战略大局。经学习、交流和讨论，与会代表一致建议在交叉学科门类下，在人才学科原有二级学科的基础上，跨学科增设"人才科学与发展战略"一级学科。

一、增设"人才科学与发展战略"一级学科的必要性和紧迫性

第一，是新时代全面建设社会主义现代化国家、2035 年建成人才强国的需要。党的十九届五中全会提出，未来 30 年我国要全面建设社会主义现代化国家，建成教育强国、人才强国。坚持创新在我国现代化建设全局中的核心地位，把科技自立自强作为国家发展的战略支撑，坚持创新驱动发展，全面塑造发展新优势。创新型人才是新知识的创造者、新技术的发

明者,新学科的创建者是科技自主创新的开拓者和引领者。正如习近平总书记深刻指出,"创新驱动实质上是人才驱动",要"牢固树立人才引领发展的战略地位"的理念。据此,党和国家提出建设"全球人才高地",建设一支宏大的创新型人才队伍。要实施和完成这个光荣而艰巨建设任务,这就要求全党和全社会大力加强和发展人才学科建设,服务于创新驱动发展战略、人才强国战略的实施。

第二,是应对国际人才和科技创新竞争加剧,提升我国国际综合竞争力的迫切需要。当今,世界百年未有之大变局正在加速演进,不稳定、不确定因素增多,世界竞争特别是科技竞争加剧,以美国为首的反华势力正全面对我国发展特别对科技创新发展加以遏制、打压。对此,习近平总书记深刻指出,"当今世界的竞争说到底是人才竞争、教育竞争",多次提出"构建具有全球竞争力的人才制度体系","不断提高我们在全球配置人才资源能力"。要实现这个战略要求,人才科学必须要有发展战略视野,为我国发展战略服务。

第三,是加强现代化专业化人才工作者队伍建设,提高广大各级各类人才工作者的综合素质和专业能力的内在需要。要使人才工作更好地贯彻落实习近平总书记关于人才重要论述,科学而有效地为国家发展战略服务,需要大批高素质专业化人才工作的专业人才。对此,无论是党的组织系统和政府人社系统设立的人才工作部门,还是广大企事业单位的人才管理部门,以及各级政府、各系统和高校的人才研究和教学机构,均迫切需要大批具有人才学专业知识和人才工作专业能力的专业人才。要建设这样一支规模适量、素质优秀、结构合理的专业化人才队伍,不仅要求现有大量的人才工作者提高专业素质和能力,还需要不断充实新鲜的血液。为此,加强人才学科建设,跨学科发展人才学科,设置"人才科学与发展战略"一级交叉学科,被前所未有的凸显其紧迫性。

可见,形势逼人,使命逼人。新设置"人才科学与发展战略"一级交叉学科,是加快实施创新驱动发展战略、人才强国战略的迫切需要;是我国提升国际综合竞争力,占领国际科技制高点的急切需要;也是加强和发展高素质专业化人才队伍建设自身的内在需要。

二、增设"人才科学与发展战略"一级学科的可行性和可能性

第一,人才学已发展成为二级学科列入《学科分类与代码》,学科代码为 840.72。人才学是改革开放的产物。四十多年来,在党和国家的高度重视下,经过广大理论工作者和实践工作者的不懈努力,人才学已发展成为一门具有中国特色、民族气派、以社会科学为主涉及自然科学、人体学科的跨学科的综合学科。人才学已形成自身的学术体系、学科体系和话语体系。就学科体系而言,已有 13 门人才学三级学科列入《学科分类与代码》。它与由西方引进的人力资源管理理论具有明显的差异,在人才强国战略实施过程中发挥了重要理论支撑作用,这是人力资源管理理论所不能取代的。同时,人才学与教育学既有联系又有明显区别,研究人才培养问题只是研究人才总问题的一个重要部分。

第二,形成了一支老中青相结合人才研究和教学队伍,涌现了一批人才学研究专家,特别可喜的是一大批具有博士学位的中青年学者加入了人才学研究和教学队伍。他们分布于高等学校和人才人事研究机构,为人才学发展和人才学专业人才培养作出了卓越的贡献。

第三,已出版一大批人才学著作。据不完全统计,中国学者撰写出版的人才学著作有 2 500 多部。其中,代表性著作有《人才学通论》《人才学基本原理》《人才资源经济学》《中国人才史》《马克思主义人才思想史》《外国人才研究史纲》等。尤其是近 10 年来,出版了百余种列入国家"人才强国战略研究出版工程"系列丛书。

第四,已培养了一大批人才学研究方向的博士和硕士。自 1980 年人才学被推上大学讲台以来,已有 200 多所高校开设人才学等 15 门课程之多,撰写出版了以《新编人才学通论》《微观人才学》《宏观人才学》为代表的一批教材,北京大学、中国政法大学、中国石油大学(华东)、浙江大学、华东师范大学、河海大学、山东大学、首都经济贸易大学、西南大学、武汉

工程大学、江西理工大学、南京理工大学、国防大学、解放军南京政治学院等 40 余所高校相继成立人才研究和教学机构,为人才学研究和专业人才的培养积累了较为丰富的经验。

第五,研究成果已广泛运用于经济社会建设,服务于科学发展,为党和政府的人才工作决策,特别为国家和各省区人才发展战略和规划、人才政策和工程的形成和贯彻落实作出了贡献。2008 年,《国家中长期人才发展规划纲要(2010—2020 年)》编制过程中,有 16 名人才研究专家被中央人才工作协调小组聘为专家顾问直接参与编制工作。

第六,各省市高度重视人才发展战略研究。北京、上海、重庆、江苏、浙江、山东、辽宁、广东、福建、湖南、贵州、河北、湖北、陕西等省市,也都相继与高校合作成立人才发展研究机构或智库,承担国家和省市委托的人才研究课题,为我国的人才发展做出了重大贡献。

第七,更为不同寻常的是,人才学正在跨出国门,引起国外学者同行的关注,重视发轫于中国大地的人才学学说,打破了长期以来被西方理论垄断的局面。

综上所述,人才学跨学科发展已经具备了应有条件。

三、增设"人才科学与发展战略"一级学科的具体建议

第一,关于"人才科学与发展战略"一级学科的专业人才培养。我们建议,新设置的"人才科学与发展战略"一级交叉学科,暂先分为两个培养层次:博士培养层次,可设置宏观的"人才学与人才强国战略研究"专业方向,培养高层次战略型人才、研究型人才和高等学校师资;硕士培养层次,可设置微观的"人才学与人才发展战略研究"专业方向,培养高素质专业化人才工作者、各类学校师资。当然,作为一级学科学位点,下位可包含诸多的研究与培养领域,试点高校可根据国家急需,以及本校人才与学科优势加以设置。

第二,人才培养方案的初步设计。根据专业方向和培养目标,我们对学制和主要课程进行了初步设计,具体见附件 1。

上述报告,妥否,敬请审定,盼望给予大力支持。

中国人才研究会人才学专业委员会
"人才学跨学科发展座谈会"与会高校
2021 年 5 月 30 日

附件 1

人才科学与发展战略专业人才培养方案
(征求意见稿)

一、培养目标

(一)博士班培养目标

高层次战略型人才,主要从事党政机关人才工作部门的领导岗位工作。

高层次研究型人才,主要从事人才研究机构的研究工作。

高等学校师资,主要从事高校人才学教学工作和人才培养工作。

(二)硕士班培养目标

高素质专业化人才工作者,主要从事企事业单位组织人才人事部门的人才工作。

各类学校师资,主要从事各类学校人才学教学工作和人才培养工作。

二、学制

博士班:三年制

硕士班:三年制

硕博连读五年制

三、课程设置

(一)硕士班课程

专业基础课:

中国共产党领袖人才思想研究

人才学史

人才学基本理论

微观人才学

战略学通论

创造学与创新研究

专业方向课（人才学与人才发展战略方向）：

人才发展战略研究

人才发展与人才开发研究

人才规划学理论与实践

人才评价学理论与实践

人才统计学理论与实践

……

（二）博士班课程

专业基础课：

马克思主义人才思想研究

中国人才思想史和制度史

宏观人才学研究

人才政策学理论与实践

发展战略专题研究

专业方向课（人才学与人才强国战略方向）：

人才发展与人才强国战略研究

人才安全学和中国人才安全研究

人才法学与中国人才法制研究

人才地理学和中国人才空间开发研究

国际人才学与国际人才竞争研究

……

后 记

四十六年前，我作为华东师范大学的一名教师，是教育工作者的职责驱使我踏上研究人才之路，与人才学结下了不解之缘。四十六年来，我先后作为中国人才研究会人才学教学分会的副理事长兼秘书长、理事长，中国人才研究会副会长兼人才学专业委员会理事长，始终坚持人才学和人才资源开发研究。作为课题组负责人先后承担国家级、省部级课题20项，独著或主编主笔或作为第一作者出版人才学著作25部，发表人才研究论文100余篇，获得全国、省级科研成果奖一等奖3项、二等奖6项、三等奖9项；并于1993年开始享受国务院特殊津贴，2008年4月被中央人才工作协调小组聘为《国家中长期人才发展规划纲要（2010—2020）》编制工作的专家顾问组成员。

在新中国成立六十周年也是人才学诞生三十周年这个特别具有纪念意义的日子里，为了宣传中国人才学，展示人才学研究成果，向祖国六十周年大庆献礼，也为建设中国特色的人才学科体系贡献一份力量，我曾以《叶忠海人才文选》奉献给我国人才学界的研究者、广大组织人事工作者，以及广大致力于人才学研究的莘莘学子。该《文选》由《人才学基本原理研究》《人才科学开发研究》《专门人才研究》《女性人才学概论》《人才地理学概论》《人才空间开发实证研究》《人才思想史考略》等7卷构成，分别附有若干附件，总计187万字。近三年来，我在华东师范大学人文精品培育项目资助下，于2023年独著出版了我国首部老年人才学专著《老年人才学概论》，作为《叶忠海人才文选》之八。可见，我的这部《人才学历程、创新和发展》研究文集，既是华东师大人才发展战略研究院《人才发展研究文库》的一员，也是《叶忠海人才文选》之九。

　　当前，我国正在实施人才强国战略，正在实现社会主义现代化强国的宏伟目标，这为中国人才学提供了前所未有的发展机遇。我作为人才学界的一名老兵，衷心希望人才理论工作者和人才实践工作者携起手来，共同努力，在实施人才强国战略中进一步发展具有中国特色、民族风格的人才学派，为充实和丰富世界人力资源理论宝库，占据制高点，贡献我们的一份力量！